THÈSE POUR LE DOCTORAT

UNIVERSITÉ DE CAEN — FACULTÉ DE DROIT

LE
DROIT DE L'ÉVÊQUE
AUX MEUBLES DES INTESTATS
Étudié en Normandie au Moyen-Age

THÈSE POUR LE DOCTORAT

SOUTENUE PUBLIQUEMENT

Dans la SALLE DES ACTES de la FACULTÉ DE DROIT

Le Mercredi 12 Janvier 1912, à 3 h. 1/2 du soir

PAR

Gaston BARIL

CAEN
IMPRIMERIE-RELIURE E. DOMIN
10, RUE DE LA MONNAIE
1911

UNIVERSITÉ DE CAEN

FACULTÉ DE DROIT

Année scolaire 1911-1912

DOYEN :

M. EDMOND VILLEY (✳, I. ♕), Membre de l'Institut, Membre du Conseil supérieur de l'Instruction publique.

PROFESSEURS :

MM. DANJON (I. ♕), Professeur de *Droit commercial*, chargé du Cours de *Droit maritime*.

EDMOND VILLEY (✳, I. ♕), Professeur d'*Economie politique*, chargé du Cours de *Législation financière*.

GUILLOUARD (✳, I. ♕, C. ✠, G. O. ✠, C. I. C. ✠, O. ✠, L. ✠), Professeur de *Droit civil*, correspondant de l'Institut.

LEBRET (I. ♕), (ancien Ministre de la Justice), Professeur de *Droit civil*, chargé du Cours de *Notariat et Enregistrement*.

CABOUAT (✳, I. ♕), Professeur de *Droit international public et privé*, chargé du Cours de *Législation industrielle*.

DEBRAY (I. ♕), Assesseur du Doyen, Professeur de *Droit romain*, chargé d'un Cours d'*Histoire du Droit français*.

LE FUR (I. ♕), Professeur de *Droit administratif*, chargé du Cours d'*Éléments de Droit constitutionnel*.

ASTOUL (A. ✪), Professeur de *Droit romain*, chargé du Cours d'*Histoire du Droit public français*.

DEGOIS (A. ✪), Professeur de *Droit criminel*, chargé d'un Cours d'*Éléments de Droit civil*.

GÉNESTAL (A. ✪), Professeur d'*Histoire du Droit français*, chargé du Cours sur la *Coutume de Normandie*.

ALLIX (A. ✪), Professeur d'*Economie politique* et d'*Histoire des doctrines économiques*.

NÉZARD (A. ✪), Agrégé, chargé des Cours de *Droit constitutionnel comparé*, de *Droit public* et de *Droit administratif*.

GOMBEAUX, Agrégé, chargé des Cours de *Droit civil* (Licence) et d'*Eléments de Droit civil* (Capacité).

JAPIOT, Agrégé, chargé des Cours de *Procédure civile* et de *Droit civil approfondi et comparé*.

SECRÉTAIRE :

M. GALLOU (1. ✪), Secrétaire dès Facultés de l'Université de Caen.

JURY D'EXAMEN

MM. GÉNESTAL, *Professeur*, PRÉSIDENT DE LA THÈSE ;

DEBRAY, *Professeur ;*

ASTOUL, *Professeur.*

INTRODUCTION

Depuis les temps les plus reculés, jusqu'à une époque assez avancée du Moyen Age, l'Eglise a joué un grand rôle dans les affaires testamentaires. Préoccupée à juste titre des intérêts spirituels de ses enfants, elle a vu dans le testament un acte essentiellement fait pour adoucir les rigueurs de la justice divine, favorisant ainsi les donations nombreuses de biens dans un but pieux et charitable.

Nous ne pensons pas, bien entendu, revenir ici sur un sujet qui a fait l'objet de nombreux travaux (1), mais il nous a paru intéressant d'étudier un point tout spécial que ces ouvrages ont passé sous silence, ou n'ont mentionné que pour mémoire: nous voulons parler du droit que certains prélats exercèrent dans le règlement des successions mobilières des individus, qu'un accident ou une mort subite avaient empêché de tester.

(1) Consulter, entre autres, les ouvrages de M. Auffroy. *Evolution du Testament en France, des origines au XIIIe siècle*. Thèse, Paris, 1899; et de M. Caillemer. *Origines et développement de l'exécution testamentaire* (Epoque franque et Moyen Age). Thèse, Lyon, 1901.

C'est assurément une coutume fort originale que celle qui consistait, de la part des Evêques, à se considérer comme autorisés à se substituer à la personne de l'intestat pour disposer à sa place, et dans l'intérêt de son âme, de sa fortune mobilière, comme celui-ci en aurait sans doute disposé si le temps ne lui avait pas manqué.

Aussi l'étude de cette institution s'imposait-elle d'elle-même, non seulement à cause de son caractère nouveau, mais encore parce qu'elle servira de complément utile aux travaux déjà faits sur le testament. Sans doute, nous n'avons pas prétendu ici résoudre une à une toutes les difficultés qui ont pu se rencontrer sur notre route; nous avons eu simplement l'intention de rassembler le plus grand nombre possible de textes sur la question, pour essayer ensuite d'en dégager une théorie générale.

* * *

La Normandie sera la province qui servira de cadre à notre ouvrage; cette préférence s'explique d'abord par les liens qui nous unissent à elle; de plus, le droit des Evêques semble y avoir été plus fortement établi qu'ailleurs, et y avoir en tous cas duré plus longtemps; enfin, s'il avait fallu entreprendre ce même travail pour la France entière, le temps nous aurait manqué pour dépouiller toutes les archives du pays, et nous aurions été obligés de

ne nous contenter que des documents imprimés.
Nous avons limité l'étendue de notre sujet, préfé-
rant ainsi l'approfondir par le dépouillement des
documents imprimés ou manuscrits, et présenter
de la sorte un travail d'un caractère moins super-
ficiel.

Il nous est arrivé parfois de citer des textes se
rapportant à d'autres régions que la nôtre, mais
nous ne l'avons fait que dans certains cas, et parce
que nous les jugions nécessaires, sinon indispen-
sables pour mener à bien notre travail.

Après avoir fait connaître en Normandie cette
institution, nous espérons voir s'effectuer plus
tard des études similaires consacrées à d'autres
provinces de France, afin que, par les différences
constatées et les comparaisons établies, se cons-
truise un ensemble intéressant de nos coutumes
canoniques sur les intestats.

Limité ainsi à notre région, cet ouvrage sera
limité aussi quant à la matière. Nous ne nous sommes occupés que des intestats laïques. C'est qu'en
effet, nombreux sont les textes qui visent les ecclésiastiques, et le principe sur lequel s'appuie la dévo-
lution de leurs biens à l'Evêque est différent de
celui qui sert de base à notre droit concernant les
laïques (1).

(1) Pour plus de détails, consulter : E. Fridberg. *Lehrbuch des
Katolischen und evangelischen Kirchenrecht*, 6e édition, 1909,
p. 598. — Dr Fred. H. Véring. *Droit Canon*. Traduction Bélet (dans
la Bibliothèque Théologique du XIXe siècle), Paris, 1881, tome II.

Le clerc bénéficier, pendant sa vie, n'a pas la propriété pleine et entière des biens qu'il possède. Il est détenteur et simple administrateur; sans doute, il perçoit les revenus, lesquels lui assurent sa subsistance, mais le restant, les économies réalisées, c'est-à-dire le *peculium clericale*, appartient à l'Eglise. A la mort du bénéficier ce *peculium* doit faire retour à l'Evêque, si toutefois il n'est pas légué en œuvres pies (seule destination permise à cette catégorie de biens dans certaines régions).

A côté de ce pécule, il y en avait un autre, qui pouvait être acquis en dehors de toute fonction ecclésiastique, et dont le clerc pouvait disposer librement. C'est le *peculium patrimoniale*. Lorsqu'un clerc mourait intestat, les deux patrimoines étaient le plus souvent confondus. Il était donc nécessaire que l'Évêque appréhendât la fortune totale du défunt pour opérer la sélection des deux sortes de biens, garder les premiers et rendre les seconds à qui de droit.

On le voit, il y a là une question de propriété des biens ecclésiastiques, et non une question d'intérêt spirituel des âmes comme celle qui nous occupe. Bien que laissant de côté cette institution, nous ne serons pas sans faire allusion parfois aux clercs intestats, à cause du caractère de connexité que nous offrent les deux droits de l'Eglise.

Ce travail étant ainsi délimité, nous essayerons, après avoir consacré un chapitre à l'étude des sources, de présenter une théorie d'ensemble sur ces coutumes canoniques et normandes du Moyen Age, en recherchant les origines, la nature, les causes du développement du droit épiscopal, en examinant son fonctionnement et les motifs qui précipitèrent le déclin de l'institution.

Qu'il nous soit permis de témoigner ici à Monsieur Génestal, notre maître, l'hommage de notre respectueuse reconnaissance, pour avoir bien voulu nous suggérer l'idée de cette étude et nous avoir servi de guide si aimable au cours de nos recherches.

Nous nous en voudrions aussi d'oublier Messieurs Besnier, archiviste départemental du Calvados, Sauvage, archiviste-adjoint, et notre cousin, Monsieur E. Perrot, chargé de conférences à la Faculté de Droit de Paris, qui, plus d'une fois, avec un inlassable dévouement, nous ont si complaisamment aidé dans notre travail.

Nous leur en exprimons toute notre gratitude.

CHAPITRE PRÉLIMINAIRE

LES SOURCES

Une étude sur les Intestats, étant donné le caractère très spécial du sujet choisi, et la rareté même des cas d'*intestatio* que nous constations dès le début de nos recherches, devait comporter un dépouillement de sources de natures très diverses : un classement méthodique s'imposait donc.

Sources Imprimées

§ I. ORDRE SÉCULIER. — Il est naturel que nos premières recherches aient porté sur le principe même de l'institution qui se trouvait contenu dans nos coutumes. La *Summa de Legibus Normanniæ in curia laicali* (1), traité de droit normand du milieu du XIIIᵉ siècle, dont il existe des éditions latines et françaises, considéré comme un ouvrage officiel dans notre province, fut le point de départ de nos investigations. Nous avons cru bon de nous

(1) *Suma de legibus Normanniæ in curia laicali.* Edition E.-J. Tardif. Rouen, 1896 (Société de l'Histoire de Normandie). tome II.

reporter au texte de la *Coutume en vers* (1), œuvre d'une époque un peu postérieure à celle où fut écrite la *Summa.* Enfin la *Glose de la Coutume* (2) (du début du XVe siècle) et la *Coutume réformée* de 1583 (3) ont été consultées, pour constater dans l'une l'existence, dans l'autre la disparition du droit épiscopal. A côté des Coutumiers, le *Stille de Procéder* (4) (fin du XIVe siècle) nous a fourni quelques utiles indications.

Les documents de jurisprudence devaient être d'un réel intérêt. Nous avons donc consulté entièrement les *Actes du Parlement de Paris* (5), inventoriés par Boutaric, pensant y trouver des arrêts concernant notre province; puis ceux recueillis par Johannes Galli, sous le titre de *Questions* (6) (XIVe siècle), le recueil des *Jugements de l'Échiquier*, de

(1) *Coutume en vers*, dans Houard, *Dictionnaire analytique, historique, étymologique, critique et interprétatif de la Coutume de Normandie.* Rouen, 1782, 4 vol., tome IV.

(2) *Glose de la Coutume*, dans l'édition Lerouillé. Rouen, 1534.

(3) *Coutumes du Pays et Duché de Normandie, anciens ressorts et enclaves d'icelluy*, publiés dans le Nouveau Coutumier général, Ch. A. Bourdot de Richebourg. Paris, 1724, 4 vol. tome IV.

(4) *Coutume, Stille et Usages au temps des Echiquiers de Normandie*, publié par Marnier dans les Mémoires de la Société des Antiquaires de Normandie, 2e série, 8e volume, tome XVIII de la collection. Paris, 1847.

(5) E. Boutaric. *Actes du Parlement de Paris*, 2 vol. Paris, 1863-67, dans la collection des *Inventaires et collections d'Archives*.

(6) Johannes Galli. *Questiones variæ in suprema Parlamenti Parisiensis curia ventilatæ*, éd. du Moulin. Paris, 1558.

L. Delisle (1) (1207-1270), dont quelques-uns sont
la réédition de ceux publiés en français par Marnier
(1207-1245) (2), ainsi que les *Arrêts de l'Echiquier
de Normandie* édités par M. Perrot (3) (1276-1299),
lesquels nous donnèrent des renseignements pré-
cieux. Nous espérions être plus heureux dans nos
découvertes en dépouillant les *Querimoniæ Normannorum* (4) de L. Delisle, puisqu'il s'agissait de
plaintes des justiciables normands adressées aux
enquêteurs-rapporteurs envoyés par saint Louis
en Normandie : mais ce fut sans aucun résultat.

§ 2. ORDRE ECCLÉSIASTIQUE. — Nous devons
citer en premier le recueil de *Conciles Normands*,
de D. Bessin (5) ; cet ouvrage a été pour nous d'un
intérêt capital, à cause des Statuts Synodaux et
ordonnances Episcopales échelonnés au cours du
Moyen Age, qui ont trait pour la plupart au sujet
qui nous intéresse. Mais nous avons tenu à compléter nos recherches dans les *Sacrosancta Concilia*

(1) L. Delisle. *Jugements de l'Echiquier de Normandie au XIIIe
siècle*. Paris, 1864. Extrait du tome XXIV, 2e partie des *Mémoires de l'Académie des Inscr. et Belles Lettres.*

(2) A.-J. Marnier. *Etablissements et coutumes, assises et arrêts de
l'Echiquier de Normandie au XIIIe siècle*. Paris, 1839.

(3) E. Perrot. *Arresta Communia Scacarii*. Caen, 1910 (Bibliothèque d'Histoire du Droit Normand (Textes).

(4) L. Delisle. *Querimoniæ Normannorum*, publié dans le
Recueil des Historiens des Gaules et de la France. Tome XXIV,
1re partie. Paris, 1904.

(5) D. Bessin. *Concilia Rotomagensis Provinciæ*. Rouen, 1717.

de Labbe (1) et à vérifier nos textes de conciles dans l'ouvrage de Mansi (2). Nous avons ensuite consulté les *Decreta Ecclesiæ Gallicanæ*, de Bochellus (3), les *Libertés de l'Eglise Gallicane* (4) et les *Constitutions ecclésiastiques de l'Ile de Jersey* (5). Ces deux dernières sources nous ont été très utiles ; elles nous fournirent, d'une part, des documents sur les causes de la décadence de la coutume des Evêques, et, d'autre part, des traces très curieuses de l'institution existant à Jersey encore à l'heure actuelle.

Plusieurs *Cartulaires* imprimés ont été également parcourus. Dans le très grand nombre de chartes qu'ils contiennent, devaient se trouver des règlements ou compromis relatifs à la matière de l'*intestatio* entre les différentes autorités ecclésiastiques.

Ce sont les *Cartulaires* des Abbayes Saint-Michel du Tréport (6), de Notre-Dame de Bonport (7), de

(1) Labbe. *Sacrosancta Concilia*. T. XI, pars 11. Paris, 1671.

(2) Mansi J.-D. *Sacrorum Conciliorum, nova et amplissima collectio. Venetiis*, 1778 (Réédité, Paris, Leipzig, 1903). T. XXII.

(3) Bochellus. *Decreta Ecclesiæ Gallicanæ*. Paris, 1609.

(4) Durand de Maillane. *Libertés de l'Eglise Gallicane*. 5 vol. Lyon, 1771. T. III.

(5) *The Canons and Constitutions ecclesiastical, for the Isle of Jersey*. Jersey, 1909 (Réédition).

(6) *Cartulaire de l'Abbaye de St-Michel du Tréport*. Edition Laffleur de Kermaingant. Paris, 1880.

(7) *Cartulaire de l'Abbaye de N.-D. de Bonport*. J. Andrieux. Evreux, 1862.

Notre-Dame de la Trappe (1), de Montmorel (2), de la Luzerne (3), du Bec (4), de Saint-Ymer-en-Auge et de Briquebec (5), du Prieuré de la Perrine (6), puis l'*Antiquus Cartularius Ecclesie Bajocensis* (Livre Noir) (7), le *Livre Rouge de l'Evêché de Bayeux* (8). A ces Cartulaires nous pouvons ajouter deux ouvrages traitant de l'histoire ecclésiastique des évêchés et abbayes de Normandie, la *Neustria Pia* (9) et la *Gallia Christiana* (10) (Province de Rouen).

Citons encore, dans un autre ordre d'idées, le *Brevis tractatus de Consueludinibus et Statutis Ecclesie Bajocensis* (11) et l'*Ancien Coutumier de*

(1) *Cartulaire de l'Abbaye de N.-D. de la Trappe.* Edité par la *Société Historique et Archéologique de l'Orne.* Alençon, 1889.

(2) *Cartulaire de l'Abbaye de Montmorel.* Dubosc. St-Lo, 1878.

3) *Cartulaire de l'Abbaye de la Luzerne.* Dubosc. St-Lo, 1878.

(4) *Cartulaire de l'Abbaye du Bec.* Invent. sommaire d'un fragment conservé à la Bib. Nationale. E. Deville. Evreux, 1907.

(5) *Cartulaire de St-Ymer-en-Auge et de Briquebec (Société de l'Histoire de Normandie).* Ch. Bréard. Paris-Rouen, 1908.

(6) *Cartulaire du Prieuré de la Perrine.* Dubosc. St-Lo, 1878.

7) *Antiquus Cartularius Ecclesie Bajocensis.* (Publié par M. l'abbé Bourrienne). Rouen, 1902-1903, 2 vol. (*Société de l'Histoire de Normandie*).

(8) *Le Livre Rouge de Bayeux.* Edition E. Anquetil. Bayeux, 1908 (t. I, seul paru).

(9) *Neustria Pia.* R. P. Artur du Monstier. Rouen, 1663.

(10) *Gallia Christiana* (Province de Rouen), tome XI. Paris, 1759.

(11) *Brevis tractatus de Consueludinibus et Statutis Ecclesie Bajocensis.* Ms. lat. 122, édité par M. le chanoine U. Chevalier, dans l'*Ordinaire et Coutumier de l'église cathédrale de Bayeux.* Paris, 1902. Bibl. de M. l'abbé Le Mâle, Bayeux.

l'Eglise Cathédrale d'Evreux (1), récemment publiés.

Dans la plupart de ces sources, nous avons pu
rencontrer, disséminés çà et là, des textes pleins
d'intérêt pour notre travail. La consultation des
*Registres de Visites de l'archevêque de Rouen, Eudes
Rigaud* (2), et de celui de *l'Officialité de Cerisy* (3)
ne nous ont été d'aucune utilité.

Sources Manuscrites

§ 1. ORDRE SÉCULIER. — Des raisons de temps
nous ont empêché de poursuivre nos dépouille-
ments dans cette voie. Nous avons parcouru le
Recueil des Arrêts notables (4) conservé aux Archives
de la Seine-Inférieure, ces recherches ont été infruc-
tueuses. Au cours de nos lectures dans l'*Histoire
du Parlement de Normandie*, de Floquet, nous

(1) *Ancien Coutumier de l'Eglise Cathédrale d'Evreux*, vulgaire-
ment appelé « *Hunaud* », publié d'après une copie du XVII° siècle
et annoté par M. l'abbé Blanquart dans la *Société de l'Histoire de
Normandie*. Mélanges, 6° série. Rouen, 1906.

(2) *Regestrum Visitationum archiepiscopi Rotomagensis*, publié
par Th. Bonnin.Rouen,1852. (*Journal des Visites Pastorales d'Eudes
Rigaud*).

(3) *Registre de l'Officialité de l'Abbaye de Cerisy*, édité par
G. Dupont. Caen, 1880.

(4) *Arrêts notables*. Arch. Seine-Inf., série F.

Nous devons à l'aimable communication de M. Génestal, qui
a pris copie de ce recueil, les textes de l'Echiquier que nous avons
consultés. Nous le remercions ici très sincèrement. ｉ ． ． ．： ． ．

avons trouvé un arrêt concernant la juridiction sur les intestats, contenu dans le *1er registre de l'Echiquier de Rouen* (1), et que nous publions dans nos pièces justificatives.

La *Coutume de Normandie* manuscrite, commentée par Guillaume Guerpel (1re moitié au XVIe siècle) (2), n'a présenté pour notre étude aucun intérêt nouveau.

§ 2. ORDRE ECCLÉSIASTIQUE. — Les Cartulaires d'Evêché ou de Chapitre devaient tout naturellement attirer notre attention. Nous avons donc pu utiliser quelques textes renfermés dans les *Cartulaires du Chapitre et de l'Evêché d'Evreux* (3), dans le *Livre Noir de Bayeux*, rédigé sous l'épiscopat de Louis de Harcourt (4). Parmi les Cartulaires d'Abbayes signalons quelques passages sur les intestats dans le *Chartrier Blanc de l'Abbaye de Troarn* (5) et dans le *Recueil des Lettres passées au Chapitre de l'Ordre de l'Hôpital de St-Jean de Jérusalem* (6), dans le diocèse de Bayeux. Le dépouillement du

(1) *1er Registre de l'Echiquier de Rouen.* Arch. Seine-Inf.

(2) *Coutume de Normandie,* commentée par Guillaume Guerpel. Bibl. Nat. Ms. fr., 5331.

(3) *Cartulaire du chapitre d'Evreux.* Arch. de l'Eure, G. 122. *Cartulaire de l'Evéché d'Evreux.* Arch. de l'Eure, G. 6.

(4) *Livre Noir de Bayeux.* Arch. Calvados. Ms. lat. 207, t. II.

(5) *Chartrier Blanc de l'Abbaye de Troarn.* Arch. Calvados, série H.

(6) *Registre des lettres passées au Chapitre de l'Ordre de l'Hôpital St-Jean de Jérusalem.* Arch. Nat. MM. 30.

Carlulaire de St-Martin de Séez (1) et un *Registre du Secrétariat de l'Evêché de Séez* (?) ne nous ont presque rien fourni pour notre étude.

A côté de ces recueils, mentionnons certaines liasses concernant la juridiction épiscopale, et les conflits que celle-ci a pu faire naître tant entre plusieurs corps ecclésiastiques comme à Avranches (3), qu'entre juridictions séculière et ecclésiastique, comme à Rouen (4). Particulièrement, les comptes des Maîtres des Intestats (5), dont les Archives de la Seine-Inférieure nous ont procuré de nombreux spécimens, ont été pour nous du plus grand intérêt. Nos recherches avaient d'ailleurs été facilitées par la lecture des inventaires publiés de la série G. (Fonds d'Evêchés).

Malheureusement, il nous a été impossible de procéder de la sorte dans les Archives des autres départements, les inventaires n'existant pas, et nous ne pouvions prétendre continuer ainsi des recherches qui nous eussent demandé un temps considérable.

(1) *Cartulaire de l'Abbaye de Saint-Martin de Séez*, copie se trouvant à la Bibliothèque de la ville d'Alençon. Ms. 190.

(2) *1er Registre du Secrétariat de l'Evéché de Séez*. Arch. de l'Orne, série G. (non inventorié).

(3) Liasse sur la Juridiction du Chapitre et de l'Evêque d'Avranches. Arch. de la Manche (non inventorié).

(4) Arch. S.-Inf. G., 1094, 1195. (De l'inventaire sommaire).

(5) Arch. S.-Inf. G., 45, 71, 82, 267, 279, 296. (de l'inventaire sommaire).

BIBLIOGRAPHIE

Auffroy H. — *Evolution du Testament en France, des origines au XIIIe siècle.* Thèse, Paris, 1899.

Blackstone W. — *Commentaires sur les Lois Anglaises.* Trad. Chompré. 6 vol., tome III, Paris, 1822-23.

Brunner H. — *Der Todtentheil in Germanischen Rechten* (Zeitschrift der Savigny Stiftung für Rechtgeschichte), 19e vol., Germ. Abth., Weimar, 1898, p. 107 et seq.

Caillemer R. — *Origines et développement de l'Exécution testamentaire (Epoque Franque et Moyen Age).* Thèse, Lyon, 1901.

Caillemer R. — *Etude sur la Confiscation et l'Administration de Successions par les pouvoirs publics au Moyen Age.* Thèse, Lyon, 1901.

Ehrle. — *Ein Bruchstück der Acten des Concils von Vienne* (Archiv für Litteratur und Kirchengeschichte). Tome IV.

Floquet A. — *Histoire du Parlement de Normandie.* 7 vol., tome I, Rouen, 1840-42.

Fournier P. — *Les Officialités au Moyen Age.* Paris, 1880.

GAL. Al. — *Der Todtentheil und Seeltheil nach süd-deutschen Rechten*(Zeitschrift der Savigny Stiftung für Rechtgeschichte). 29e vol. Germ. Abth., Weimar, 1908, p. 225 et seq.

GÉNESTAL-ALLIX. — *Opérations financières de l'Abbaye de Troarn, du XIe au XIVe siécles.* (Vierteljahrschrift für Social und Wirtschaft-geschichte). 1904, Leipzig, II, Band.

IMBART DE LA TOUR P.— *Les origines de la Réforme.* 2 vol., Paris, 1905.

HAENSEL. — *Erbschafsteuern in England* (Deutsche Zeitschrift für Kirchenrecht). 1909-1910., Tübingen. Tome XIX-XX.

LECERF Th. — *L'Archipel des îles Normandes. Jersey, Guernesey, Serck, Auregny et dépendances. Institutions communales, judiciaires et féodales.* Paris, 1863.

LOYSEAU Ch. — *Œuvres.* Lyon, 1701.

POLLOCK (Fred) and MAITLAND (Fred-William). *History of english law bevor the time of Edward I.* 2 vol., 2e édit. Cambridge, 1898, tome II.

THOMASSIN. — *Ancienne et nouvelle discipline de l'Eglise.* 3 vol. Paris, 1725, tome III.

VAN ESPEN. — *Jus Ecclesiasticum Universum.* Lovani, 1753, 4 vol., tome II.

VERING F.-H. — *Droit canon.* Trad. Belet (Bibliothèque théologique du XIXe siècle). Paris, 1881.

VIOLLET P. — *Institutions politiques et administratives de la France.* 3 vol. Paris, 1890.

Viollet. P. — *Les Coutumiers Normands* (Histoire littéraire de la France). Tome XXXIII. Paris,1906.

DE Wailly N. — *Mémoire sur un opuscule anonyme intitulé Summaria brevis et compendiosa Doctrina felicis expeditionis et abrevialionis guerraria de lilium regni francorum.* (Mémoires de l'Académie Nationale des Inscriptions et Belles Lettres, tome XVIII, II).

CHAPITRE PREMIER

**Nature et origines du Droit de l'Evêque.
Son apparition en Normandie.**

Etudier les motifs qui ont engagé l'Eglise Normande à s'immiscer dans le règlement des successions mobilières des intestats, c'est en réalité étudier la nature de ce droit. C'est ce que nous ferons dans ce présent chapitre, en prenant pour bases de cet examen les textes de nos Coutumiers, où les principes sont dégagés d'une manière si claire.

Puis, lorsque nous connaîtrons la nature de cette institution, nous nous demanderons quelles en ont été les origines lointaines, en cherchant ensuite à établir des rapports entre la coutume épiscopale et certains autres droits ecclésiastiques de nature analogue.

Enfin nous déterminerons l'époque à laquelle nous avons vu apparaître ce droit pour la première fois dans nos textes normands, et les diverses raisons invoquées par l'Eglise pour justifier ses prétentions, raisons qui lui permirent à maintes reprises d'affirmer son droit.

SECTION I

NATURE DU DROIT ÉPISCOPAL.

Au Moyen Age, et partout, les idées chrétiennes profondément établies dans les mœurs des hommes, leur faisaient une obligation de se confesser et de recevoir les derniers sacrements avant de mourir. L'homme, avant de se présenter devant le tribunal de Dieu, devait s'y préparer, non seulement en se repentant de ses fautes, mais en disposant d'une partie de ses biens dans l'intérêt de son âme pour le temps où il ne serait plus (1). D'où l'importance du testament. C'était à la fois l'expression sacrée de la volonté du défunt, une disposition d'ordre tem-

---

(1) Disposer dans l'intérêt de son âme, c'était disposer en faveur de l'Eglise. Mesure indispensable pour n'être pas considéré comme intestat, ainsi que nous l'apprennent du moins les statuts d'un Synode de Coutances qui déclarent, entre autres, intestats ceux qui ont légué presque toute leur fortune à leurs parents. Bessin. *Concilia.* (Synode de Coutances, sans date), p. 557.

LXIII. « Bona vero intestatorum ad nos deferri jubemus. Intestatos autem dicimus, qui omnino nullum testamentum fecerunt ; aut si fecerint, postea irritum factum est per contrariam voluntatem, nec postea aliud fecerunt, aut non jure fecerunt ; ut sunt illi qui satis minus sua parte sumserunt, vel qui fere totum suis relinquunt, vel personis non capacibus. »

porel et spirituel, en un mot un acte religieux. La
confession régularisait le passé, le testament pré-
parait l'avenir, il était la sanction des bonnes
dispositions du mourant : d'où liaison très intime
du sacrement et de l'acte de dernière volonté
dans les premiers siècles du Moyen Age.

Ceci posé, on peut se faire aisément une idée de
ce que l'on pensait, à cette époque, lorsqu'un individu était mort *sans avoir voulu faire de testament.*
Dans ce cas, l'intestat était un « desconfès », en
effet on le considérait comme un négligent, un coupable, peut-être même un révolté vis-à-vis de Dieu ;
mourir ainsi était une faute qui méritait une peine :
l'Eglise lui refusait la sépulture ecclésiastique, le
pouvoir séculier lui confisquait ses biens. Cette
attitude de l'Eglise, refusant ainsi les prières publi-
ques à l'intestat volontaire, s'explique fort bien
puisqu'il y avait mauvaise volonté de la part du
moribond, et refus de sa part de recevoir les secours
de la religion.

Mourir sans testament, et *volontairement,* était
donc mal mourir, à cause du rapport étroit existant
à cette époque entre cet acte et la confession. C'était
une honte. D'après un chroniqueur anglais, un ennemi
de l'église de Saint-Alban, qui mourut empoisonné,
fut trouvé « tout noir, puant, intestat (1) ». Nous

(1) Pollock et Maitland. *History of english law.* — Intestacy,
p. 358 (d'après Mathieu Paris. *Cronica majora,* iii, 121).

pensons qu'il y eut dans l'esprit du chroniqueur, indépendamment de la réalité des faits constatés, un rapprochement voulu entre ces deux derniers mots de sens si opposé.

Longtemps, et jusqu'à une époque très avancée, le peuple considéra comme une faute le fait de mourir intestat. Nous en trouvons la preuve dans les trois passages suivants.

Rabelais (1), décrivant la tempête, fait dire à l'un de ses héros, Panurge : « Hélas, dit Panurge, frère Jean se damne bien à crédit, O que jy perds un bon ami, zalas, zalas, voicy pis que antan, Nous allons de Scylle en Charybde, holos, je naye, confiteor, un petit mot de testament, frère Jean, mon père, monsieur l'abstracteur, mon ami... deux mots de testament... »

Ailleurs, c'est le testament en vers de Me Jehan de Saint-Gilles (2), 1501 :

. . . .

Ma conscience me remort
Qu'il n'est si certain que la mort
Ne rien plus certain que l'eure,
Parquoy je veil ains que je meure,

---

(1) Rabelais. *Œuvres*. Paris, 1872, 2 vol., tome II, livre IV, ch. XX, p. 116.

(2) *Bulletin de la Société de l'Histoire de Normandie*. Tome VII, années 1893-95, p. 190-191.

> Ordonner mon petit estat,
>
> Non voullant mourir intestat
>
> Des biens que Dieu, mon Créateur,
>
> M'a fait comme à son serviteur. »

Enfin, citons ces quelques mots d'un testament recueilli dans les archives de Saint-Lô, 1504, (1) : .... « Sciens quod nihil est certius morte aut incertius hora mortis, nolens intestatus decedere... »

Nous avons dit que l'intestat *volontaire* subissait deux peines, l'une ecclésiastique, l'autre séculière. Privation de sépulture religieuse et confiscation des biens par le duc.

A ce sujet, la *Summa de Legibus* est formelle (2). Le suicidé, ou celui qui meurt refusant confession et communion, après neuf jours de maladie ou davantage, est un désespéré, et l'Eglise ne peut rien

---

(1) Archives Saint-Lo, G. (Classement St-Pelterin et Ste-Marie-du-Mont).

(2) *Summa de Legibus*. Tome II, ch. 20, p. 56.

« § 1. De Catallis autem eorum qui sese sunt homicide et eorum qui excommunicati vel desesperati moriuntur, sciendum est quod princeps Normannie ea debet habere, nec Ecclesia in eis aliquid poterit reclamare, cum eorum nullum subsidium prestiterit animabus.....

§ 2. Desesperati autem moriuntur, qui per novem die vel amplius gravi egritudine et pericula oppressi, communionem et confessionem sibi oblatam recusant ac differunt, et in hoc moriuntur : terris tamen propter hoc heredes sui non privantur. »

réclamer de ses biens, ne pouvant rien pour son âme.

Avant l'époque où fut écrite la *Summa*, en 1205 (1), il paraît même qu'il y avait plus de sévérité, car trois jours de maladie suffisaient pour qu'un individu, dans les mêmes dispositions, fût considéré comme un désespéré. En tous cas, il y avait forfaiture de meubles, c'est-à-dire confiscation. En Angleterre, les lois et coutumes édictaient la même punition (2). Un exemple de ces cas d'*intestatio* nous montre l'application de ces principes.

En 1342 (3), Guillaume Le Pelletier, craignant d'être accusé d'avoir dérobé un « chatris gaif », désespéré, fut trouvé mort dans une mare; ses biens furent confisqués en la main du Roi, selon la coutume, car il y avait eu suicide. La cour d'Eglise, dans cette affaire, réclamait ses biens, prétendant qu'il y avait eu assassinat, auquel cas, comme nous le verrons plus loin, les meubles devaient lui revenir.

(1) Layettes du Trésor des Chartes, I, n° 785.

« Item diximus de illo qui moritur intestatus, si jacuerit in lecto ægritudinis per tres dies vel quatuor, omnia mobilia ipsius domini Regis debent esse aut illius in cujus feodo terra est, et sicut de illo qui se interficit spontaneus. » (Enquête des commissaires de Philippe-Auguste en Normandie, 1205).

(2) *Tractatus de Legibus et Consuetudinibus Angliæ.* 4 vol.. Rouen, 1776, publié par Houard. Tome I, p. 492, livre VII, n° XVI : « Cum quis vero intestatus decesserit, omnia catalla sua domini sui esse intelliguntur. »

(3) Arch. de la Seine-Inf^re. *1er Registre de l'Echiquier,* 1342 fol. 133. (Cf. Pièces justificatives, n° 1).

Le conflit entre les deux juridictions fut tranché en faveur de celle du Roi, qui resta saisi des biens du suicidé.

Nous ne reparlerons plus de ces cas d'*intestatio* qui sont de la compétence ducale ou royale. Nous avons voulu les indiquer pour les mettre en opposition avec d'autres cas où la juridiction ecclésiastique s'exerce et pour montrer par là la véritable nature du droit des Evêques.

*
* *

Il existe, en effet, d'autres hypothèses où l'*intestatio* produit des effets différents. Lorsque, par exemple, un accident, une mort subite, une folie furieuse avaient empêché un homme de tester, devait-on pour cela tenir envers lui la même rigueur? et l'Eglise devait-elle lui appliquer une peine? Evidemment non. La faute n'existant pas, il ne pouvait y avoir de place à une punition, mais comme le défunt subissait de ce fait un dommage immérité puisqu'il n'avait pu disposer de ses biens pour son âme, l'Eglise récitait des prières à son intention, et l'Evêque était le suprême « ordonnateur » de la fortune mobilière de l'intestat. Il disposait de celle-ci au lieu et place du défunt « dans l'intérêt de l'âme de ce dernier ». Véritable preuve de sollicitude de la part de l'Eglise vis-à-vis de tous ceux que le sort n'avait pas favorisés ! Aujourd'hui encore si les prélats n'ont plus aucun droit sur les biens de ceux qui meurent subitement, l'Eglise continue toujours de leur donner la sépulture ecclésiastique et de réciter des prières à leur intention. C'est, somme toute, la même idée, les mêmes principes qui n'ont pas varié depuis le commencement.

Cette saisine des biens du défunt a donc un but éminemment religieux : telle est la véritable nature du droit de l'Evêque.

Ces cas d'*intestatio*, comme les premiers, sont envisagés aussi formellement dans la *Summa de Legibus* (1). Celui qui s'est noyé par hasard, qui s'est brûlé ou qui est tombé du haut d'un précipice, du moment qu'il n'a pas eu l'intention de se suicider, ne doit pas être retiré de la communion des fidèles, et l'Eglise doit « ordonner » ses biens. De même pour les fous et généralement tous ceux qu'un état

(1) *Summa de Legibus.* Tome II, ch. 20, p. 57, § 2 bis.

« Si quis autem aliquo infortunio submersus fuerit, vel combustus, vel roboribus oppressus, vel confractus in fovea, vel ex rupe precipitatus, dum tamen se interficere non intendat, a fidelium communione non est removendus, nec ejus catalla debent in manu principis detineri. Nullus tamen amens, vel vesanus, vel peste frenetica impeditus, a communione ecclesie removendus est, dum tamen, quando erat compos mentis sue, se catholicum exhibeat, nec de talibus fit forisfactura catallorum, si aliquo infortunio fuerint interempti, immo pertinet ad diocesanum episcopum, ordinare de illis, cum intentionem amiserint ordinandi. » (Remaniement de la 2e partie du XIIIe siècle).

mental empêche de tester (d'après un remaniement
de la *Summa* de la 2e partie du XIIIe siècle).

Les mêmes décisions se retrouvent dans la *Coutume versifiée* (1) et deux et trois siècles plus tard
dans les gloses différentes de la Coutume (2). Les

(1) *Coutume en vers*, publiée par Houard, dans le Dictionnaire de
Droit Normand. Tome IV, p. 66.

DES HOMICIDES D'EUX-MÊSMES

Mais s'aucun estoit par fortune,
Noyé ou ars, ou cil sestoche
Darbrez ou de pierre ou de roche,
Sans entente de soy occire,
L'en ne doibt mye pour ce dire
Qu'il ne soit de loyal commune,
Retenir de sien chose aulcune.
Nuls homps défvé [enragé] ou frénétique
Qui tenist la foi catholique,
En temps qu'il est de saincte guise,
Ne pert communite d'Eglise;
Ne de tielx neschet forfaicture,
Qui meurent ains y daventure;
Mais doibt l'Evesque ordonner du
Meuble à ceulx qui ont sens perdu.

(2) *Glose* de la Coutume de Normandie (Edit. Le Rouillé, 1534).

DE HOMICIDE DE SOY-MÊME

Texte de la Glose : « Il appartient au prélat de ordonner des
chatelz à ceux qui meurent frénatiques, enragez ou qui par aucune
infortune, s'il advenoit que avenir procès contemps ou plet sortist
dits tels chatels.

« C'est à entendre qui meurent sans avoir fait testament, ou
qui sont tués par adventure auquel cas s'il venoit aucuns qui
disent avoir droiture ès dits chatels, on en devroit procéder à la
cour d'Eglise, car au prélat en appartient de droit général l'ordonnance et la distribution. Et ne s'entend pas de ceux qui auroient

documents ecclésiastiques reproduisent des raisons identiques, et mettent toujours en avant les intérêts spirituels des morts.

En résumé, il y a donc deux sortes d'*intestatio* :

1° L'*intestatio volontaire*, suivie de peines (refus de sépulture religieuse et confiscation des biens).

2° L'*intestatio involontaire*, entraînant des mesures charitables dans le but de soulager l'âme du défunt.

Il ne faudrait pas croire que le droit de l'Eglise ne s'exerçait qu'exceptionnellement dans cette dernière hypothèse. Si les cas d'*intestatio* volontaire étaient rares, restaient ceux, très courants, où il y avait testament et *intestatio* involontaire. Et comme l'Eglise s'occupait à la fois des uns et des

fait testament auparavant car les exécuteurs en ordonneroient. Et aussi s'il venoient aucunes personnes qui disent avoir droit ès dits chatels, le prélat n'en connaitroit pas puisqu'il y auroit exécuteurs, mais en connaitrait le roi se n'estoit action personnelle, et que la querelle fust a personne privilégiée comme clerc ou prestre. Toutefois la cognoissance et la distribution des biens du défunt et des causes qui se mouveroient par raison des lays de testament : fust entre personnes laics ou autres, en appartiendroit à la cour de l'église. »

Glose de la Coutume (Guillaume Guerpel). Bibl. Nationale. Ms. fr. 5331, p. 105.

« En la fin, le texte de ce chapitre contient de ceulx qui sont mortz par malle fortune, hoc est, casuellement, en sorte qu'ils n'ont peu avoir le loisir ou opportunité de faire testament. A l'evesque appartient à ordonner de leurs chatelz, car il ne peuvent ne doibvent estre confisquez au prince ne seigneur féodale. Aussi seroit la raison, car l'evesque est général exécuteur des intestatz... »

autres, ce fait explique la phrase de la *Summa* où il est dit que l'Evêque s'occupe « généralement des cateulx des morts » (1).

De plus, l'Eglise a toujours cherché à limiter le plus possible le nombre d'intestats en général, en simplifiant les formes du testament. Le Droit Romain, on le sait, imposait des règles très sévères, des formes rigoureuses. Pour favoriser l'institution du testament, l'Eglise a simplifié tout ce cérémonial compliqué. Quelques mots du moribond suffisaient au confesseur, lorsque celui-ci le priait de se confier à lui comme à son *execulor* (2). Elle alla même jusqu'à dire que celui qui laisse à d'autres le soin de faire un testament à sa propre place n'était pas considéré comme intestat (3).

Toutes ces mesures étaient prises avec le souci constant de procurer aux hommes les avantages spirituels promis par la religion chrétienne.

(1) *Summa de Legibus.* Tome II, ch. 19. De Usuris, *in fine,* p. 55.

« § 6. Si autem actum forisfacture in non scire redactum fuerit, episcopus de catallis, prout debuerit, ordinabit, cum de catallis mortuorum ad ipsum pertineat generaliter ordinare... »

(2) Pollock et Maitland. *History of english law.* Intestacy, p. 360.

(3) Bessin. *Concilia.* Synode de Coutances, p. 557.

« LXII. Licet autem de benignitate canonica qui extremam voluntatem in alterius disponere committit, non videatur decedere intestatus : sed in omnibus piis voluntatibus defunctorum sit per locorum Episcopos providendum, ut universa recte procedant. »

SECTION II

Nous avons vu que la nature du droit de l'Evêque était d'essence religieuse. Donner ses biens, faire des œuvres pies afin d'obtenir le salut de l'âme a toujours été l'application de la doctrine de l'Evangile : « Faites-vous des amis avec les richesses d'iniquité, afin que, lorsque vous quitterez la vie, ils vous reçoivent dans les tabernacles éternels (1). » Aussi, commentant cette parole, les Pères de l'Eglise, en particulier Salvien, saint Augustin, ont-ils vivement recommandé aux fidèles de disposer de leurs biens avant de mourir, dans leur propre intérêt, d'en réserver de la sorte une quote part que certains historiens ont appelée la « part de l'âme », et qui a fait l'objet de plusieurs études approfondies (2).

---

(1) Saint Luc (Evangile); ch. XVI, verset 9.

(2) Brunner H. *Der Todtentheil in Germanischen Rechten*, dans la Zeitschrift der Savigny Stiftung, für Kirchenrecht. G. A. 19e vol.

Gal. *Der Todtentheil und Seeltheil* dans la Zeitschrift der Savigny-Stiftung. G. A. 1908, 29e vol.

Haensel. *Erbschaftsteuer in England*, dans le Deutsche Zeitschrift für Kirchenrecht. Tomes XIX et XX.

Lorsque l'Eglise poursuivit son œuvre d'évangéli-
sation et de civilisation, elle rencontra dans certains pays, et notamment en Germanie, des coutumes païennes presque semblables aux siennes.
Les parents avaient l'habitude d'enterrer leurs
défunts avec quelques objets qu'ils croyaient devoir
leur être nécessaires durant la vie future. Cette « part
du mort » et cette « part de l'âme » se sont rencontrées
et, pour ainsi dire, juxtaposées dans l'histoire, sans
qu'il y ait eu entre elles aucun autre rapport que
celui de l'analogie.

La part de l'âme ou « Seeltheil », pour nous servir des expressions de MM. Brunner et Gàl, tendit
à remplacer la « part du mort » ou « Todtentheil ».
Elle la spiritualisa et s'en servit comme de base pour
déterminer la nature et la quotité des biens dont le
moribond pouvait disposer par testament.

A défaut de ce dernier, et dans les conditions
décrites précédemment, la part de l'âme devait
logiquement être distribuée par l'Eglise au lieu et
place du défunt. Le droit d'*intestatio* découle donc
indirectement de cette antique coutume.

Cette « part de l'âme » dut revêtir des formes
différentes suivant les contrées. En Angleterre, il
y avait le « cor-present », en Bretagne le « *mortuarium* ». Elle consistait le plus souvent dans le don à
l'église paroissiale soit du meilleur cheval, soit de
la plus belle armure du défunt, soit tout simplement
d'une somme d'argent. Cette part de biens léguée

était ordinairement d'un tiers de la fortune mobilière. En Normandie, nous n'avons pas rencontré, si ce n'est dans un texte (1), de droit semblable au *mortuarium*, nous ne pouvons donc pas sur ce document unique, établir et démontrer son existence générale.

Cependant il nous a semblé intéressant d'examiner quels ont pu être les rapports du droit de l'Evêque, qui a son fondement lointain dans la « part de l'âme » avec ce *mortuarium* fondé lui aussi sur cette part, lorsque ces deux droits étaient appelés à s'exercer concurremment.

Si le *mortuarium* n'existe pas en Normandie, la question évidemment ne se pose pas : le droit de l'Evêque s'exerce dans toute sa plénitude. Mais s'il existe, c'est alors que la difficulté de les concilier intervient.

En effet, au cas d'*intestatio*, l'église paroissiale réclamera son droit à une quote part des biens, et d'un autre côté l'Evêque émettra une prétention identique sur la part de l'âme. D'où conflit, et dans cette hypothèse l'un des deux droits deviendra illusoire.

Si l'Evêque prétend avoir un droit sur le tiers des

(1) Arch. Nationales. MM. 30, f° 42. *Lettres passées au Chapitre de l'Ordre de l'Hôpital de St-Jean de Jérusalem.* Voir Pièces justificatives, n° 3.

biens, par exemple, il est de toute évidence que le *mortuarium*, s'il est du tiers, sera entièrement absorbé au profit du prélat; ou bien le droit de l'église paroissiale se maintiendra au détriment de celui de l'Evêque.

Mais il peut se faire aussi qu'en Normandie le *mortuarium*, s'il existe, ne porte que sur une très minime partie de la fortune mobilière, et que le droit épiscopal, comme nous aurons occasion de le voir dans quelques textes, porte sur la totalité intégrale des meubles. Alors, dans ces cas, les deux droits pourront s'exercer, et l'Evêque, au moment de la distribution, comptera parmi les dettes à solder, le *mortuarium*, comme devant être payé à l'église du défunt.

Telles sont les hypothèses que l'on peut soutenir relativement aux rapports de ces deux droits. Nous ne pouvons conclure faute de documents.

Disons seulement qu'il faut bien se garder de confondre nos deux coutumes. Le droit épiscopal est un droit de distribution, l'autre une taxe due à l'église du mort.

La seule difficulté était de les concilier. Tout dépend, semble-t-il, de la quotité de biens sur laquelle porte le droit de l'Evêque.

SECTION III

Puisque c'est du principe de la « part de l'âme » que découle le droit que nous étudions, il est donc vraisemblable de penser que, depuis le jour où l'Eglise a été organisée, c'est-à-dire à une époque assez reculée, elle ait songé à s'occuper de pourvoir aux intérêts des défunts et particulièrement des intestats.

Pourtant, pendant la longue période qui sépare les premières années du Christianisme en Gaule du commencement du Moyen Age, nous n'avons rien trouvé de formel à ce sujet.

Un édit de Clotaire II, de 614 (1), donna aux proches parents le droit de succéder aux intestats selon la loi. Cette prescription très générale s'explique sans doute par l'idée d'une défense faite à des autorités soit laïques, soit religieuses de s'immiscer dans les affaires successorales. Peut-être y avait-il déjà, de la part des autorités ecclésiastiques, une

---

(1) A. Borctius. *Capitularia Regum Francorum.* Hannoveræ, 1883. Tome I, Leges, Sectio II, p. 21, nº 6.

« Cuicumque defuncto, si intestatus decesserit, propinqui, absque contrarietate in ejus facultatem juxta legem succedant. »

tendance accusée à intervenir dans les cas d'*intestatio*, à laquelle cet édit aurait essayé de mettre
fin.

Mais ce ne sont que des suppositions, le texte
est bien vague et bien peu explicite, en ce qui concerne le rôle joué par l'Evêque à cette époque.
Il permet une interprétation trop facile pour pouvoir en tirer des conclusions précises.

En Angleterre, une charte du roi Henri Ier
(1100) (1) décide qu'en cas de mort subite sans
testament, la femme, les enfants ou les *legitimi
homines* doivent partager sa fortune pour le bien
de son âme.

Ici, s'il y a un intérêt spirituel en jeu, il n'y a pas
pour cela de droit épiscopal de mentionné formellement; mais il est peut-être supposé, et dans
ce cas il est encore attaqué et anéanti au profit des
parents. Si, au contraire, le droit n'existait pas,
cette charte se bornerait seulement à constater
la coutume existante.

Plus clair est le texte d'une pétition des barons

---

(1) Ch. Bémont. *Chartes des libertés anglaises.* Paris, 1892, p. 5.

« Et si quis baronum vel hominum meorum infirmabitur, sicut
ipse dabit vel dare disponet pecuniam suam, ita datam esse con-
cedo; quod si ipse, preventus armis, vel infirmitate, pecuniam
suam non dederit, vel dare disposuerit, uxor sua, vel liberi aut
parentes et legitimi homines ejus, eam pro anima ejus dividant,
sicut eis melius visum fuerit. »

à Jean sans Terre en 1215 (1), réclamant que les
biens de l'intestat fussent distribués par les soins
des proches, sous le contrôle de l'Eglise. Evidemment, le droit de l'Evêque est indubitable, mais
il n'est qu'un contrôle, l'exercice en appartient aux
parents. C'est une preuve de transaction, qui
annonce l'apparition prochaine des « lettres d'administration » délivrées par les prélats anglais aux
proches du mort, et dont nous aurons l'occasion
de parler à la fin de cette étude. Ce rapprochement
était intéressant à faire.

Ainsi donc, si nous ne pouvons pas démontrer
d'une façon certaine l'existence du droit de l'Eglise,
en France, à une époque reculée, du moins nous
avons pu constater qu'il existait en Angleterre aux
XIIe et XIIIe siècles et qu'il y fut combattu et
amoindri.

Qu'en a-t-il été chez nous en Normandie? Avant
1190, rien ne nous révèle l'existence de l'institution.
Celle-ci a pu être l'objet de bien des attaques, mais
au lieu d'être vaincue, elle sortit victorieuse de la
lutte. En effet, le premier texte que nous ayons
trouvé est celui contenu dans le Concordat du Roi
Richard, passé entre l'église de Rouen et le Grand

(1) Ch. Bémont. *Charles des libertés anglaises.* Pétition des
barons à Jean sans Terre, p. 17.

N° 16. « Si aliquis liber homo intestatus decesserit, bona sua
per manum proximorum parentum suorum et amicorum et per
visum ecclesie distribuantur. »

Sénéchal de Normandie (1). Après une persécution
très violente, le Roi rendit à l'Eglise ses libertés et
privilèges au nombre desquels figure celui que nous
étudions, et mit fin aux conflits de juridiction qui
avaient lieu continuellement entre les cours d'Eglise
et les tribunaux séculiers : Les biens des intestats
morts subitement seront distribués par l'autorité
ecclésiastique.

Ainsi donc le droit n'a pas pris naissance, comme
on pourrait le croire, à la fin du XIIe siècle. Il a
certainement tenté de s'établir bien auparavant,
mais ce n'est qu'à cette date que nous le constatons
d'une manière positive dans les documents ecclésiastiques. Moins d'un siècle plus tard, il devait
être inscrit au nombre de nos coutumes, dans la
Summa de Legibus. Et c'est à partir de cette époque
que nous trouverons des textes suffisamment nombreux, pour nous permettre de donner une théorie
générale de ce droit original.

*
* *

Cette coutume de l'Eglise, constatée dans les
termes indiqués précédemment, a eu plus d'une

---

(1) Mansi. *Concilia.* Tome XXII, p. 592. Ecclesiasticæ libertatis
in Normannia leges.

« Si quis vero subitanea morte, vel quolibet alio fortuito casu
præoccupatus fuerit, ut de rebus suis disponere non possit, distri-
butio bonorum ejus ecclesiastica auctoritate fiat. »

fois, dans la suite des temps, l'occasion de se préciser et de s'affirmer. Après la conquête de ses libertés perdues, l'Eglise devint de jour en jour plus puissante, les princes la comblèrent de faveurs qui lui donnèrent l'autorité nécessaire pour faire entendre sa voix. Et c'est ce qu'elle fit, lorsqu'elle lutta avec énergie contre les abus dont se rendirent coupables, au Moyen Age, un bon nombre de seigneurs laïques.

Ceux-ci, en effet, même dans les cas d'*intestatio* involontaire, confisquaient les biens, au grand détriment de l'Eglise et des héritiers. Les prélats protestèrent avec véhémence. Les exemples de ces protestations abondent en Angleterre, comme en Normandie; nous en citerons quelques-uns.

Le Concile de Lambeth de 1261 (1) se plaint que les seigneurs ne permettent point que les dettes des

(1) Wilkins. *Concilia Magnæ Britanniæ.* 4 vol. Londres, 1737. Tome I, p. 754. Concile de Lambeth (Boniface, arch.).

« De bonis laicorum ab intestato decedentium.

Ceterum contingit interdum, quod laicis divino judicio decedentibus intestatis, domini feodorum non permittunt debita defunctorum solvi de bonis mobilibus eorumdem, nec in usus liberorum suorum, aut parentum, vel aliter pro dispositione ordinariorum bona prædicta pie distribui sustinent pro defunctis; unde statuimus, quod hujusmodi domini et eorum ballivi diligentius moneantur, ut a talibus impedimentis omnino desistant; quod si monitis parere contempserint et bona hujusmodi intestatorum non permiserint pie distribui in usus misericordiæ, pro dispositione ordinariorum, saltem pro ea portione, quæ defunctum contingit, secundum consuetudinem patriæ, eorum præsumptio per excommunicationis sententiam compescatur. »

intestats soient payées, et que leurs proches et l'église aient leurs parts. Un texte de Bracton, 1258 (1), affirme qu'un lord ne doit rien prendre de la succession de l'intestat décédé subitement, sauf son « heriot ».

Le Concile de Londres, 1342 (2), émet la même idée, proclame la compétence ecclésiastique et édicte des peines très sévères envers les contrevenants.

En Normandie, ce sont les mêmes protestations. Le clergé de la province de Rouen exprime, en 1311 (3), au Concile de Vienne ses doléances : les

(1) Bracton. *De legibus et consuetudinibus Angliæ*. Londres, 1878-83, 6 vol. Tome I, liv. II, ch. 26, § 2.

« Si liber homo intestatus et subito decesserit, dominus suus nil intromittat de bonis defuncti, nisi de hoc tantum quod ad ipsum pertinerit, scilicet quod habeat suum heriot, sed ad Ecclesiam et ad amicos pertinebit executio bonorum nullam enim meretur pœnam, quamvis decedit intestatus. »

(2) Wilkins. *Concilia*. Tome II, p. 705, 2e col. Concile de Londres. Répétition des statuts de Boniface, arch. de Cantorbéry. VII. De debitis intestatorum solvendis.

« ... Ceterum contingit interdum, quod clericis aut laicis divino judicio decendentibus intestatis, domini feudorum non permittunt debita defunctorum solvi de bonis mobilibus eorumdem, nec in usus uxorum suarum, liberorum suorum, et parentum, vel alias pro dispositione ordinariorum bona prædicta, pro ea portione quæ secundum consuetudinem patriæ, defunctos contingit, permittunt distribui pro eisdem ... »

(3) P. Viollet. *Les Coutumiers Normands* (dans l'Histoire Littéraire de la France, tome XXXIII, p. 124 et suiv.).

« Provincia Rothomagensis dicit quod licet de laudabili et notoria consuetudine dicte provincie, bona omnium ab intestato

juges laïques empêchent les prélats de disposer des biens pour les consacrer en usages pieux, et les troublent dans leur juridiction.

Les *Nova Præcepta* de l'église de Rouen, (1278 environ) (1), le Synode de Coutances, 1372 (2), celui

decedentium, saltem in episcopatibus dicte provincie, ad dispositionem prælatorum pertineant, sintque in possessione diutina disponendi de ipsis que bona dicti prælati convertere tenentur in usus pios, judices seculares impediunt ne iidem prælati disponant et in usus pios convertant bona personarum impuberum ab intestato decedentium, dictos prælatos super possessione juris disponend de ipsis turbando et impediendo, et dictam consuetudinem piam et laudabilem et a tempore cujus extat memoria observatam contra justitiam infrangendo. »

(1) Bessin. *Concilia*. Nova Præcepta, p. 84.

« Item prohibemus sub pœna excommunicationis et suspensionis, ne aliquis bona occupet, nisi causa conservandi, et ad notitiam Domini vel illius ad cujus officium pertinet dispositio bonorum intestatorum. Eamdem pœnam statuentes contra illos qui ab aliis talia bona sciverint occupata, nisi infra octo dies ad notitiam Domini vel illius cujus ad officium pertinet, duxerint deducendum. »

(2) Bessin. *Concilia*, p. 561. Syn. de Coutances.

« Nonnulli, quod dolentes referimus, bona intestatorum decedentium, et qui in dictis nostris civitate et diocesi decesserunt intestati, quorum cognitio, devolutio et omnimoda dispositio ad Nos tam de jure quam consuetudine notoria pertinere noscuntur, propriis commodis inhiantes, pluribus coloribus exquisitis, temporibus retroactis, auctoritate propria, sed potius voluntate temeraria, ceperunt, capiunt, occupant ac detinent indebite et de facto prout ex relatione fide dignorum ad nostrum pervenit auditum. Inhibemus sub pœnis suspensionis et excommunicationis, ne aliquis, cujuscumque conditionis et status existat, sub colore alicujus debiti, quovismodo bona intestatorum hujus modi auctoritate propria temeraria præsumant aliqualiter occupare, donec per Nos super talibus, prout de jure est faciendum, fuerit ordinatum... »

d'Avranches, 1550 (1), qui rapporte les textes de synodes antérieurs, se plaignent amèrement de la détention injustifiée des biens des intestats par certains laïques.

Toutes ces affirmations du droit, en face des tentatives d'usurpation, avaient pour résultat de consolider et maintenir fortement les prétentions ecclésiastiques.

Thomassin, célèbre théologien du XVIIᵉ siècle, essaye de justifier, en les précisant, les raisons d'être du droit des Evêques aux meubles des intestats (2).

« Ce serait, dit-il, une pensée très mal fondée de
« s'imaginer que l'Eglise n'eût suivi que les intérêts
« temporels dans les décrets qu'elle a faits pour
« les testaments et les biens des intestats. Il est
« certain, au contraire, que tant de Conciles, que
« nous avons allégués, n'ont été principalement

---

(1) Bessin. *Concilia*. Syn. d'Avranches, p. 288.

« Item, quia nonnulli suæ salutis immemores, bona defunctorum et maxime illorum qui in nostra diocesi intestati decesserunt (quorum cognitio, devolutio, et omnimoda dispositio ad nos tam de jure quam notoria consuetudine noscuntur pertinere) propriis commodis inhiantes, exquisitis coloribus, auctoritate propria retroactis temporibus cœperunt, capiunt et furtive occupant ac detinent; ideo sub pœna suspensionis et excommunicationis inhibemus, ne aliquis cujuscumque conditionis vel status existat, sub debiti colore quovismodo, bona intestatorum propria et temeraria auctoritate præsumat, aliqualiter occupare, donec per Nos super talibus, quod juris est, fuerit ordinatum. »

(2) L. Thomassin. *Ancienne et nouvelle Discipline de l'Eglise.* Paris, 1725, 3 vol. Tome III. Part. III, Livre I, p. 162.

« animés que d'un zèle spirituel pour le salut des
« âmes, et du soulagement des pauvres : 1º en
« s'opposant à la violence de quelques seigneurs
« qui n'épargnaient pas les mourants mêmes,
« et qui se damnaient en leur ôtant le moyen de se
« sauver... ; 4º en leur procurant le moyen de payer
« leurs dettes ; 5º et de racheter leurs péchés au
« moins par ces aumônes tardives ; 6º et d'assister
« leurs femmes et leurs enfants s'ils étaient pau-
« vres ; enfin 7º en prévenant tous les mauvais arti-
« fices des exécuteurs. »

Cette opinion s'accorde très bien avec les textes
que nous avons passé en revue ; elle nous paraît la
meilleure, non pas pour expliquer la naissance du
droit, mais pour bien faire comprendre les divers
autres motifs qui ont contribué à affermir notre
coutume, spécialement en Normandie.

Celle-ci continuera d'exister jusqu'à la fin du
XVIᵉ siècle, 1583, date de la rédaction de la coutume réformée. Près de quatre siècles entiers se sont
écoulés où elle vécut, ayant toute une procédure
et un système d'administration que nous allons
maintenant examiner.

CHAPITRE II

Fonctionnement du Droit de l'Evêque.

Ce chapitre présente un intérêt capital, c'est le fonds même du sujet; nous avons pu recueillir en effet des textes assez nombreux pour pouvoir exposer ici avec détails le fonctionnement de notre institution, dans ses phases diverses.

L'abondance des documents nous oblige à diviser ce chapitre en plusieurs sections. Dans une première, seront examinés les différents titulaires du droit d'*intestatio*; et après avoir ainsi passé en revue ceux que les usages locaux ou des règlements spéciaux préposèrent comme distributeurs des biens meubles, nous étudierons dans une deuxième section l'étendue du droit quant aux personnes et quant aux biens; enfin une troisième section sera consacrée à l'exercice proprement dit de l'institution (Maître des Intestats, conduite des opérations, difficultés suscitées par la juridiction laïque).

SECTION I

TITULAIRES DU DROIT D'« INTESTATIO ».

C'est l'Evêque qui, de droit, est « l'ordonnateur » des biens des intestats. Les Coutumes de Normandie, et leurs commentaires, les différentes ordonnances que nous avons recueillies dans les *Concilia* de Dom Bessin le prouvent amplement. Le choix de l'Evêque se comprenait fort bien. C'est avant tout le *judex ordinarius*. Tout converge vers ce haut personnage qui, à cette époque, avait une puissance considérable. C'est aussi et toujours l'autorité suprême du diocèse, à laquelle sont confiées les destinées spirituelles des fidèles, toute désignée pour prodiguer aux défunts les derniers secours religieux, et attirer sur eux les faveurs célestes par la distribution de leurs biens en bonnes œuvres.

Cependant si *de jure* le premier titulaire était l'Evêque, il n'en a pas été de même partout en Normandie. Sans doute, chaque prélat diocésain conserve ses prétentions, mais il y a eu quelquefois soit des délégations de pouvoir, soit des compromis, en faveur d'autres autorités ecclésiastiques. Peut-être aussi y a-t-il eu des usurpations, qui ont nécessité des règlements et prohibitions.

Ainsi, par exemple, nous voyons en 1448, à

Bayeux, que défense est faite à l'archidiacre Guillaume de Castiglione de s'occuper des biens des intestats (1).

Il ne faut pas oublier, pour expliquer ce cas, que bien avant cette époque, les archidiacres avaient une très haute situation dans le diocèse. Veillant à toutes les affaires de l'Eglise (2), ils étaient, pour ainsi dire, « l'œil et la main » de l'Evêque ; d'abord assistants de ce dernier, ensuite délégués par lui, ils devinrent tout puissants et finirent par commettre des abus, à ce point, qu'à partir du XIIe siècle, on songeait déjà à limiter leur pouvoir par l'établissement d'officiaux, délégués par l'Evêque mais révocables par lui (3).

Il est donc possible, qu'à cette époque encore (1448), les archidiacres aient tenté de s'occuper à nouveau des choses qui ne les regardaient plus, et qu'à la suite de ces immixtions soit intervenue une prohibition mettant fin à leur juridiction.

Pourtant, le *Brevis tractatus de Consuetudinibus et Statutis ecclesie Bajocensis* (4) en 1269, paraît

(1) *Livre noir de l'Evêché de Bayeux,* rédigé sous l'épiscopat de Louis de Harcourt. Ms. 207 latin, f° 99, v°. Bibl. du Chapitre, Bayeux. Voir Pièces justificatives, n° 2.

(2) Paul Viollet. *Histoire des Institutions politiques et administratives de la France.* Paris, 1890, tome I, p. 350.

(3) Cf. Fournier. *Les Officialités au Moyen Age.* Paris, 1880, p. 8.

(4) *Brevis tractatus de Consuetudinibus et Statutis Ecclesie Bajocensis.* Ms. lat. 122. Bibl. du Chapitre de Bayeux, édité par M. le chanoine U. Chevalier, dans l'Ordinaire et Coutumier de l'Eglise

avoir donné aux archidiacres un droit sur les biens des intestats; mais nous ne pouvions guère nous arrêter à ce texte très vague, qui ne spécifie pas s'il s'agit des biens des laïques ou de ceux des clercs.

L'idée de délégation de pouvoir intervient à coup sûr dans le cas de la vacance du siège épiscopal. C'est, en effet, le Chapitre ayant à sa tête un vicaire capitulaire qui gère toutes les affaires du diocèse. En ce qui nous concerne, un règlement de 1265 (1),

Cathédrale de Bayeux. Paris, 1902. Bibliothèque de M. l'abbé Le Mâle. P. 321, XXX, *De libertalibus archidiaconum.*

« Et quia per episcopum in partem sollicitudinis eliguntur, ideo ipsi in deportionibus ecclesiarum, bonis intestatorum, synodatico et circatis et etiam in emendis que fiunt in presentia et auditorio episcopi tertiam percipiunt, de consuetudine antiqua et in ecclesia approbata. »

(1) *Cartulaire du Chapitre d'Evreux.* Arch. de l'Eure, G. 122 fo 48, ro et vo, no 220.

« ... De bonis vero intestatorum que proveniunt sede vacante, ordinamus quod capitulum colliget ea, seu colligi faciet cum necessariis expensis de bonis predictis, et ea in thesauro ecclesie usque ad creationem episcopi seu confirmationem electi, reddenda eidem electo vel episcopo conservabit. Et si forte sedem, ultra annum vacare contigerit, ex tunc quilibet archidiaconus bona predicta prout de archidiaconatibus suis provenerint, cum uno de canonicis sibi per dictum capitulum associato in civitate vel alibi, erogabit, prout viderit faciendum. Et sic fiet de bonis predictis per totam sedis vacationem. Ita quod, creato episcopo vel electo confirmato super erogatione dictorum bonorum tenebuntur eidem reddere rationem. Reservamus autem nobis ex concessione capituli super hoc nobis facta quod declarare possimus infra annum, si aliqua circa premissa ambigua fuerint vel obscura, et emendare ac mutare que emendanda viderimus vel mutanda... Actum anno et die supradictis (1265) mense augusto. »

émanant de Raoul IV de Chevri, évêque d'Evreux, décide que le Chapitre recevra les biens des intestats, et les conservera jusqu'à la création du nouvel Evêque. Dans le cas où la vacance durerait plus d'un an, la juridiction passera à l'archidiacre associé à l'un des chanoines du Chapitre, avec obligation de rendre compte de la distribution et emploi des meubles des défunts.

En 1264, Odon II, évêque de Bayeux, fixa les bases d'un règlement analogue entre le Chapitre et les archidiacres, au sujet de la juridiction épiscopale sur les intestats *sede vacante* (1).

Le Chapitre fut désigné pour prendre soin des biens et en distribuer les deux tiers, le troisième devant être réparti par les archidiacres. Si tout n'avait pas été distribué par le Chapitre, le restant devait être remis au nouvel évêque pour qu'il soit donné aux pauvres.

A Avranches (2), nous trouvons le Chapitre en

---

(1) *Antiquus Cartularius Ecclesiæ Bajocensis* (Livre noir), publié par M. l'abbé Bourrienne. Rouen, 1902. 2 vol. Tome II, p. 211.

« ... Bona intestatorum per capitulum recipientur, et duæ partes distribuentur pauperibus per manus ipsius Capituli, et tertia pars per archidiaconos supradictos. Quando vero novus episcopus creatus fuerit, si aliquid de bonis prædictis remanserit quod per manus capituli non fuerit pauperibus erogatum, tradetur episcopo creato per manus ejusdem pauperibus erogandum. »

(2) Archives de la Manche. G. (non inventoriées). *Liasse sur la Juridiction du Chapitre et Evêque d'Avranches.*

Les chanoines prétendent être maintenus dans leur juridiction... « parce qu'ilz monstrent et font apcroir par plusieurs lettres, e} possession du même droit sur les habitués, serviteurs et familiers des chanoines (fin XVᵉ siècle) et, à ce propos, il avait même défendu son privilège contre le prélat qui prétendait l'exercer à son profit.

Certains chanoines ont eu aussi le droit de s'occuper des biens des intestats morts sur les terres de leurs prébendes. Il en fut ainsi à la suite d'un règlement intervenu, en 1263, entre l'Evêque et le Chapitre de Coutances pour les chanoines sur leurs terres de Saint-Samson, Quibouc, Manceleria (1).

Après les Evêques, Archidiacres, Chapitres, nous trouvons certains Abbés investis d'un droit analogue. Cela s'explique aisément. L'abbaye était le plus souvent exempte de l'autorité épiscopale, l'Abbé dans ce cas était maître absolu, ne dépen-

mesme par lesdits comptes de la dite jurisdiction comme ils ont approuvé les testaments et dernières volontés des dits habitués et de leurs dits serviteurs et familliers tant hommes que femmes en plusieurs et diverses années. Et a ledit evesque grant tort de les vouloir en ce troubler ou empescher, car quant tous les dits habitués décéderoient intestatz, encore appartiendroit l'administracion de leurs biens aux sieurs du chappitre et non pas au dit evesque... »

Nous ne citons ce texte qu'en faisant les plus expresses réserves, car il semble bien plus s'appliquer aux clercs qu'aux laïques.

(1) *Gallia Christiana*. Tome XI (Province de Rouen), p. 266. B.

« Item, ordinando pronunciamus quod canonici præbendarum de Manceleria, de Sancto Sansone, de Quibouc, de Traieio, et de S. Laudulo super Siennam, de Mulle-Villa et de Urvilla, in homines suos dictarum præbendarum habeant juridictionem temporalem et spiritualem, et dispositionem bonorum ab intestato decedentium . »

dant que du Pape, il pouvait donc s'arroger dans les limites des dépendances de l'abbaye le même droit que celui des Evêques.

Et s'il n'y avait pas exemption, il n'était pas impossible qu'il y eut, là encore, délégation de juridiction de la part de l'Evêque.

Citons comme exemple d'abbaye possédant le droit épiscopal, celle de Troarn : Louis de Chante-merle, abbé, reçoit le 10 décembre 1414 ce privilège de Jean Lengret, évêque de Bayeux (1). — Robert, abbé de la Trappe, ayant admis comme confrère et participant à tous les biens de la Communauté, Eudes Bellouc, de la paroisse de Chemilli, décide que, si celui-ci meurt intestat, ses biens seront distribués pour le salut de son âme (1280-97) (2).

Nous pouvons rapprocher des droits exercés par les Abbés, ceux que posséda l'Ordre de l'Hôpital de Saint-Jean de Jérusalem, dans le diocèse de Bayeux. Ainsi qu'il résulte d'une lettre passée au

(1) *Chartrier Blanc de l'Abbaye de Troarn.* Arch. du Calvados, série H, f⁰ 14, v⁰, 15 r⁰.

« ...Item abbas approbabit omnia testamenta, et ordinabit de bonis intestatorum hominum dictarum parochiarum decedentium in eisdem, secundum stillum et observanciam Curie Bajocensis... »

(2) *Cartulaire de l'Abbaye de N.-D. de la Trappe,* publié par la Société Historique et Archéologique de l'Orne. Alençon, 1889. Q. XXX, p. 440-441.

« ...Et si accideret quod secundum jura patrie testamentum non faceret, nec de parte suorum mobilium ordinaret, dicta mobilia ad nos devenient, et de ipsis ordinabimus, prout saluti anime ipsius videbitur expedire. »

Chapitre de cet Ordre, le 27 juillet 1377 (1), la Commanderie s'adjuge les biens des intestats comme « amende, prouffit et punicion ». Le sens de ces mots semblerait nous mettre ici en face d'une hypothèse de confiscation, confiscation analogue à celle exercée par le Duc de Normandie; mais étant donné le caractère religieux de cet Ordre, cette explication ne serait guère vraisemblable. Nous croyons plutôt à une défiguration de la nature du droit. En recueillant les biens des intestats, en les conservant à leur profit, il est possible qu'à la longue ces religieux aient fini par oublier le caractère de l'institution, et l'aient considéré comme une sorte d'amende.

Enfin, les simples curés, ou les églises paroissiales ont été aussi, dans quelques endroits, titulaires du droit épiscopal. En 1239 (2), un règlement, émané

---

(1) Arch. Nat. MM. 30, fo 42, vo.

« ...Mais par ces présentes et touz ceulx qui doresnavant trepasseront en ladicte maison, dont mortaige pourroit estre demandé à cause de la dite religion, pour le temps advenir pour avoir de cy en avant en la dicte maison, la dicte livre de cire par chacun an pour le dit mortaige de notre dicte rente, comme par avant tant seulement, sauf tant que toutes fois que aucuns des habitans qui demourent en la dicte maison y mourront intestez, l'amende, prouffit et punicion nous demeure et appartiengne. »

(2) *Cartulaire de l'Abbaye de St-Michel du Tréport*, publié par Laffleur de Kermaingant. Paris, 1880, p. 194. CLXXIII.

« ...Si quis vero intestatus decesserit, tercia pars partis sue pauperibus erogetur, et due partes presbitero et ecclesie sue et monachis et ecclesie sue communiter et equaliter dividantur. »

de Pierre II de Colmieu, archevêque de Rouen,
met fin à des difficultés survenues entre l'Abbé
du Tréport d'une part, et d'autre part, le curé de
l'église Saint-Jacob du même lieu. Il s'agissait de
la répartition et de la délivrance des legs pieux
entre le curé, les moines et la fabrique. Ce document nous apprend que ces legs n'étaient pas toujours respectés, mais se divisaient également suivant les cas, entre les différentes autorités ecclésiastiques ; s'il y avait des intestats, et c'est ce qui
nous intéresse, le tiers de la part du défunt était
donné aux pauvres, les deux autres tiers se divisant *equaliler* entre l'église et son curé, et les moines
et leur église. Sans doute, il y a bien là intervention
d'un archevêque, mais remarquons qu'il ne distribue rien, il se contente seulement de fixer la quotité
due à chacun.

En 1402 (1), à Donnemesnil (2), à la mort d'une

----

(1) Arch. Nationales JJ. 158, n° 266 (n° 245 du numéro moderne)
f° 136, r°. *Lettres de rémission pour Jean Donnemesnil.*

« Charles,... savoir faisons à tous presens et avenir ; à nous
avoir été humblement exposé de la partie de Jean Donnemesnil,
escuier, seigneur dudit lieu, que comme l'an mil iiij (cens) et deux,
environ la Tiphayne, Blanche Routière de la paroisse du dit lieu de
Donnemesnil feust trespassée intestate, par quoy les meubles à
elle appartenans feussent escheuz au curé et aux trésoriers d'icelle
paroisse, pour les distribuer, c'est assavoir le tiers audit curé, l'autre tiers aux diz trésoriers et le résidu aux povres, selon l'usaije
du pais et par faire fére l'obsèque d'icelle défuncte selon son
estat, et aussi pour faire fére et ordonner la provision du disner
du jour du dit obsèque ... »

(2) Donnemesnil, aujourd'hui Dampsmesnil (canton d'Ecos), Eure

femme décédée intestat, la fortune mobilière échoit au curé et aux trésoriers de la paroisse pour être distribuée en trois parts, l'une pour le curé, l'autre pour les trésoriers, et la troisième pour les pauvres. Le droit d'*intestatio* apparaît ici comme un simple droit exercé par l'église paroissiale. Ces deux derniers exemples, se rapportant à une même région, étaient intéressants à rapprocher.

* *

Ainsi donc, de tout ce que nous venons de voir, il se dégage l'idée que la coutume que nous étudions, de nature essentiellement ecclésiastique, est exercée le plus souvent par l'Evêque, mais aussi parfois par une autorité religieuse quelconque.

Ces variantes ne changent pas pour cela le principe de notre institution qui reste toujours sauvegardé.

SECTION II

ETENDUE DU DROIT.

—

§ 1. — *Etendue du Droit, quant aux personnes.*

Précédemment, nous avons examiné les conditions qu'il fallait remplir pour qu'un individu relevât de la juridiction ecclésiastique ; ici, nous

verrons quelles personnes sont soumises à cette
règle, et, à ce propos, quelles ont été les difficultés que l'Eglise rencontra dans l'application de
son droit.

Le principe est clair : les biens meubles de tout
individu qui meurt dans les circonstances décrites
par la *Summa* sont distribués par les soins de l'autorité épiscopale. Il y a donc des hommes, des femmes, et même des enfants. Tout cela se comprend,
puisque seul est invoqué l'intérêt des âmes de ceux
qui n'avaient pu tester.

Nous n'avons pas besoin d'insister sur les deux
premières catégories de personnes; les cas d'un
homme ou d'une femme mourant intestat se ren-
contraient assez souvent. Reportons-nous pour
cela aux comptes des Maîtres des Intestats de
Rouen (1) et à la Lettre de Rémission de Jean
Donnemesnil (2).

Nous avons trouvé aussi quelques textes concernant les mineurs; mais ce fut toujours à l'occasion
de règlements ou d'arrêts rendus pour restreindre
ou anéantir presque entièrement la juridiction
épiscopale sur cette classe d'individus.

---

(1) Arch. S.-Inf^re. G. 279. Cf. *Comptes du Maître des Intestats
à Rouen.*

«...D'un autre inventaire faite le iiij^e jour de juillet IIII^c et
XIIII par Guillaume le Sénéchal des biens de feue JehanneDebailli,
de la paroisse Saint Andrieu de la porte au Feuves...

(2) Arch. Nat. JJ. 158, n° 266. *Op. cit*, p. 51.

Cette prétention sur les biens des mineurs que l'Eglise justifiait par des considérations d'ordre spirituel, devait sembler très exorbitante aux autorités séculières. On s'étonnait de voir des mesures prises pour l'enfant, alors que celui-ci, en droit, ne pouvait tester. Les droits coutumier et canonique n'étaient pas d'accord sur l'âge à partir duquel le testament était valable. Pour le premier, l'âge de la *factio testamenti* le plus généralement adopté, était 21 ans. Pour le second, c'était l'époque de la puberté fixée par la loi romaine, c'est-à-dire 14 ans. Cependant, même avant cet âge, l'Eglise prétendait avoir un droit, puisqu'il s'agissait avant tout de l'intérêt du défunt.

Mais pour l'exercer, l'Evêque était obligé, d'après la thèse coutumière, d'attendre que le mineur ait atteint l'âge requis (21 ans). Il y eut donc des conflits, tranchés soit par des compromis, soit même par des arrêts supprimant le droit épiscopal.

Ainsi, en 1287 (1), un arrêt de l'Echiquier interdit aux prélats de contraindre les héritiers des

(1) *Arresta Communia Scacarii*. Perrot. Caen, 1910, p. 112, n° 142.

« Pâques 1287. — Prohibitum est quod episcopi et alii prelati non possunt a modo constringere heredes infancium mortuorum infra etatem xiiij^or annorum existencium de reddendo eis partes mobilium dictorum defunctorum pro eo quod non fecerint testamentum, et quod non possunt eos tenere pro intestatis, et quod tales per Regis justiciarios super hoc defendantur. In Scacario Pasche M^e CC° LXXXvij°. »

enfants morts intestats avant 14 ans à leur rendre
les parties du mobilier des défunts, et de considérer
ceux-ci comme intestats.

Dans la critique du texte de l'arrêt qu'il publie, et
pour expliquer la présence de la finale *or* au nombre
xiiij (*quatuor decim*), M. Perrot croit pouvoir substituer le nombre xxiiij, auquel cette désinence convient (*vigenti quatuor*). Il y aurait eu ainsi erreur
du copiste. Mais alors le droit des Evêques se serait
trouvé singulièrement compromis, et il n'est guère
vraisemblable qu'on leur ait interdit d'exercer
leur juridiction sur des personnes dont l'âge avait
dépassé celui de la majorité. Nous pensons donc
qu'il faut lire dans le texte xiiij (*decim et quatuor*
et non *quatuor decim*), ce qui explique ainsi la présence de la finale *or*.

En tous cas, cet arrêt restreint assez sérieuse-
ment l'étendue du droit de l'Evêque.

A Verneuil, en juillet 1280 (1), l'Evêque d'Evreux
prétendait exercer sa juridiction sur les intestats
utroque sexu ayant atteint l'âge de tester. Il y eut
des difficultés : le maire proclamait inapte à la
factio testamenti celui qui n'avait pas ses 21 ans
accomplis ; l'Evêque de son côté maintenait l'âge
de 12 ans pour les filles et de 14 ans pour les
mâles. De l'interprétation de l'âge de la majorité

(1) *Cartulaire de l'Evêché d'Evreux*. Arch. de l'Eure. G. 6, n° 174,
f° 60. Littere majoris de Vernolio super contentionem intestatorum. Voir Pièces justificatives, n° 4.

devait donc dépendre l'existence du droit du prélat. Un règlement s'en suivit qui fixa à 16 ans accomplis, 17 ans atteints, l'époque à partir de laquelle l'Evêque pouvait agir dans toute la plénitude de son droit.

En 1326 (1), le 21 mai, de nombreux griefs, dans le détail desquels nous n'avons pas à entrer, furent imputés à l'Evêque de Lisieux par le Procureur du Roi. Ce prélat, contrairement aux ordres du monarque, avait prélevé les biens des pupilles intes-

(1) Arch. Nationales. Registre X1a 5 (anciennement jugés I). Dans l'exposé par le Procureur du roi des griefs articulés contre l'Evêque de Lisieux, on lit :

« Proposuerat (s. ent. procurator noster) insuper quod, post et contra deffensam regiam idem episcopus levaverat mobilia pupillorum ex causa intestati ad valorem vigenti milia librarum et amplius; quodque, cum ob hoc dicti episcopi temporale fuisset ad manum regiam positum per dictum vicecomitem (s. ent. Auribeci, d'Orbec) fecerat idem episcopus excommunicari dictum vicecomitem... »

Une enquête est ordonnée qui établit certains faits et celui-là en particulier :

« ...Quia per eamdem inquestam repertum est dictum episcopum et officiales suos mobilia pupillorum ex causa intestati indebite levasse... per ejusdem curie nostre judicium, dictum fuit quod dicti episcopi temporale in manu nostra ponetur, tenebitur, et per manum nostram levabitur et explectabitur, donec... pupillis predictis satisfactum fuerit de levatis per dictum episcopum et suos, ab eisdem... pupillis, occasionibus quibus supra, de quibus levatis summarie et de plano constare poterit coram certis nostris commissariis per dictam nostram curiam deputandis... »

Suit la condamnation (détournée) à 15.000 l. d'amende envers le Roi, pour l'ensemble des griefs relevés contre l'Evêque.

tats à concurrence de 20.000 l. et davantage. Le
Parlement se montra très catégorique, il saisit tout
le temporel de l'Evêque jusqu'à ce que réparation
fut faite aux intéressés.

Si la jurisprudence s'était conformée à cet arrêt,
c'eût été de nouveau un coup mortel porté au droit
d'*intestatio*.

Ces conflits, dont nous avons montré quelques
exemples, eurent leur écho dans les protestations
adressées au Roi par Pierre de Cugnières, conseiller
du Roi, à Vincennes en 1329 (1).

Ce dernier va jusqu'à nier aux prélats le droit de
faire inventaire des biens des mineurs, car ceux-ci
comme leurs biens, dit-il, sont en la garde du Roi;
c'était donc de la part de l'Evêque porter atteinte à
la justice royale.

De son côté, le clergé de la Province de Rouen,
comme nous l'avons vu, proteste, en 1311 au Concile
de Vienne, contre les mesures vexatoires employées
par les juges séculiers, pour troubler leur juridiction, en ce qui concerne les mineurs (2).

(1) Durand de Maillane. *Libertés de l'Eglise Gallicane*. Tome III,
p. 449.

Art. 24. « Item dicti prælati faciunt gagiari et compelli per suos
præpositos clericorum mulieres viduas, et nituntur habere cognitionem earum, nęc non cognitionem pupillorum, et sibi applicare
bona ipsorum quando moriuntur pupilli, sicut de majoribus ætate,
quando decedunt ab intestato, quorum quidem cognitio pertinet
ad regem, quia tales personæ et earum bona sint in guardia ipsius. »

(2) P. Viollet. *Les Coutumiers Normands* (dans l'Histoire Littéraire de la France), tome XXXIII, p. 124 et seq. Voir note, p. 39.

Ainsi donc, si l'on admettait la compétence
ecclésiastique pour les majeurs, on la discutait
âprement pour les mineurs. Elle fut très limitée,
comme le prouverait un passage du *Stille de Procéder* (2e moitié du XIVe siècle). Au chapitre des
Mineurs et Emancipations, le droit de l'Evêque est
reconnu sur les biens meubles du défunt à la condi-
tion que celui-ci n'ait aucun héritier. Notre coutume
ne s'appliquerait donc ici que dans le cas où le
droit des héritiers ne viendrait pas la contrarier (1).

Ces limitations, ces restrictions de la juridiction
épiscopale devaient faire avancer rapidement
l'heure où celle-ci aurait à jamais disparu.

§ 2. — *Etendue du Droit quant aux biens.*

Après avoir examiné les titulaires du droit, les
différentes personnes qui y étaient assujetties,
on est naturellement tenté de se demander quelle

(1) *Coutume, Stille et Usage, au temps des Echiquiers de Normandie,* publié dans les Mémoires de la Société des Antiquaires
de Normandie. Paris, 1851, 2e série, 8e vol., 18e vol. de la collection.
Chapitre 24, p. 28, col. 1.

« Se aucun meurt sans hoir, supposé qu'il [n'] ait fait testament,
si est l'evesque son successeur en ses meubles, pour en ordonner
à son sauvement en l'eveschié d'Evreux, si comme dient plusieurs
et le plus des conseilliers; et dient que c'est par telle manière que
l'evesque doit tout omosner sans en riens retenir. »

Il faut ici, pour expliquer le texte, rétablir dans le 2e membre de
phrase la négation. Sans cela, le texte n'aurait pas de sens.

fut la quotité de biens que l'Evêque prenait dans la fortune mobilière de ses fidèles.

Trois hypothèses peuvent en effet se présenter :
1º Les biens sont-ils pris entièrement, au risque de frustrer les parents du défunt?

2º Les biens ne sont-ils saisis que pour partie, les autres parts se divisant entre héritiers?

3º Les biens sont-ils appréhendés dans leur totalité par l'Evêque et celui-ci se charge-t-il de distribuer une certaine quotité aux parents?

Question difficile à résoudre, car parmi les textes que nous avons parcouru, nous n'avons trouvé rien de bien précis à ce sujet; toutefois nous allons grouper autour de chacune de ces hypothèses les documents qui d'après nous, doivent leur servir de preuve.

A) L'Evêque prend-il la totalité des biens, et frustre-t-il les héritiers? Si l'on s'en tient aux comptes des Maîtres des Intestats de Rouen (1) que nous étudierons plus loin, il paraît en ressortir que toute la fortune mobilière était en effet dépensée et employée tant en paiement des funérailles qu'en œuvres pies, au détriment des parents auxquels il n'est fait aucune allusion. Les mots « autres mises (2) » ont un sens bien vague, pour qu'on puisse les interpréter en faveur d'une quote part

---

(1) Arch. S.-Inférieure. G. 279, voir Pièces justificatives, nº 5.
(2) Arch. S.-Inférieure. G. 279 (Chapitre des dépenses), nº 5.

réservée aux héritiers. Il semblerait plutôt que ce soient d'autres dépenses dont le détail était considéré comme inutile à relater dans un compte-rendu. De la sorte, les héritiers auraient été victimes d'injustice, ce qui eût été en contradiction avec la nature du droit des Evêques qui, on se le rappelle, n'est pas une confiscation, mais une preuve de sollicitude à l'égard des défunts.

Ces cas pourraient être rapprochés de celui analysé dans la lettre passée au Chapitre de l'Ordre de l'Hôpital de Saint-Jean de Jérusalem, si nous admettons l'hypothèse établie plus haut. Les mots de « prouffit, amende » indiquent toujours qu'il s'agit de bénéfices réalisés au profit de la Commanderie sans qu'il soit tenu compte des droits des parents.

Tels sont les textes qui sembleraient justifier la première hypothèse, mais encore est-il qu'il ne faut les citer qu'avec réserve, car ils ne contiennent pas assez de détails pour nous permettre de nous prononcer en toute sûreté.

B) La deuxième hypothèse, consistant à laisser un droit à l'Evêque sur une quote part des meubles, serait plus en rapport avec la notion de la part de l'âme, que nous avons étudiée au chapitre précédent, et elle se vérifierait ainsi plus aisément. Tandis que les parents partagent les meubles entre eux, l'Evêque ne prend que la part destinée aux intérêts du défunt. Nous croyons en voir une

preuve dans le texte tiré des *Arresta Communia* (1)
où il est dit que les prélats ne doivent pas se faire
rendre par les héritiers les *parts* des biens meubles
des enfants morts avant 14 ans. De même, dans le
Cartulaire de St-Michel du Tréport (2), le tiers de la
part de l'intestat sera distribué aux pauvres, les
deux autres tiers répartis entre le curé et les moines
(argument : *tercia pars partis sue*).

C) Enfin, il y a des documents qui semblent
aussi donner raison à la 3me hypothèse. Tous les
biens sont saisis par le prélat, qui les distribue en
bonnes œuvres et aux enfants. Les Synodes de
Lisieux de 1448 (3), et d'Avranches de 1550 (4), sont
formels sur ce point lorsqu'ils édictent qu'il sera
« pourvu au salut de l'âme des défunts et à leurs
enfants ».

En résumé, il est possible que les deux premières
hypothèses ne soient pas inconciliables avec la
dernière, car rien n'aurait empêché les Evêques de
distribuer ce qui devait revenir aux parents, sans
pour cela être obligés de le mentionner.

(1) E. Perrot. *Arresta Communia*, p. 112. Cité p. 54.

(2) *Cartulaire de Saint-Michel du Tréport*, p. 194. Cité p. 50.

(3) Bessin. *Concilia Rotomagensis Provinciæ*. Rouen, 1717.
Syn. de Lisieux, p. 482.

« .... Ut debita solvantur ac provideatur saluti animarum
defunctorum et liberis ipsorum, si qui sint, via juris. »

(4) Bessin. *Concilia*. Syn. d'Avranches, p. 287.

« ... Ut debita solvantur, animarumque defunctorum saluti
et liberis eorum, via juris provideatur. »

Mais il paraît plus vraisemblable de considérer ces trois groupes de textes comme autant d'applications différentes du droit d'*intestatio*, explicables par la diversité des coutumes et usages locaux.

SECTION III

EXERCICE DU DROIT ÉPISCOPAL.

—

§ I. — *Le Maître des Intestats.*

Puisque l'Evêque se voyait ainsi assigné un rôle dans le règlement des successions mobilières des intestats, nous pouvons penser, sans peine, qu'il arriva un moment où il ne devait plus suffire à cette tâche, surtout si l'on se représente un Evêque du Moyen Age, dont les fonctions étaient beaucoup plus nombreuses que celles d'un Evêque de nos jours. La division du travail s'imposait, et il y eut des fonctionnaires spéciaux pour assurer les différentes charges de l'administration diocésaine. Parmi ceux-ci se trouve le Maître des Intestats.

Cet ecclésiastique se rencontre dans les textes normands sous plusieurs dénominations ; tantôt Maître des Testats, tantôt Maître des Intestats, le plus souvent les deux à la fois. On comprend qu'il y ait eu communément cumul des deux fonctions,

puisque, somme toute, celles-ci rentraient l'une
dans l'autre. On rencontre aussi les termes d'*Intes-*
tator. Le mot *intestator*, que Du Cange, Goddfroy,
La Curne de Saint-Palaye, paraissent ignorer dans
les ouvrages qu'ils ont publiés, semble avoir
un sens équivalent à celui de Maître des Intestats,
comme nous le verrons dans la suite. L'étymologie,
pourtant, en est difficile à donner; peut-être con-
vient-il, pour l'expliquer, de faire un barbarisme
et de traduire par le mot « entestateur», c'est-à-
dire un fonctionnaire enregistrant les testaments,
auquel serait aussi confiée la charge de s'occuper
des intestats.

Disons, dès maintenant, que cet officier ecclésiastique paraît avoir été l'objet d'une institution
spéciale à la Normandie; ce serait une preuve que
là, plus qu'ailleurs, le droit s'y était davantage
implanté et que la nécessité d'un fonctionnaire
ad hoc s'y faisait sentir.

A) Origines et Histoire du Maître. — Au début,
l'Evêque exerçait sa juridiction par lui-même, ou
tout au moins avec le concours de quelques-uns
de ses clercs. Cette juridiction générale fut bientôt
l'objet d'un mandat, et le titulaire fut désormais
l'Official (XIᵉ XIIᵉ s.). Mandataire de l'Evêque,
l'Official se voit donner quantité d'attributions
parmi lesquelles celle de surveiller l'exécution des
testaments, ou même celle de recueillir les biens

des intestats (1). Ce n'est que plus tard que cet ecclésiastique s'entoura lui-même d'auxiliaires ayant, dès le XIIIᵉ siècle, chacun un caractère propre, auxquels vint s'adjoindre plus tardivement encore notre Maître des Testats et Intestats.

La date exacte de son apparition est très difficile à préciser, car plusieurs Synodes des XVᵉ et XVIᵉ siècles qui en font mention reproduisent le texte de Synodes antérieurs, et l'on pourrait se demander si l'institution existait déjà à ces époques reculées. Mais, étant donné que ce sont des éditions revues et corrigées, rien ne nous permet d'affirmer que le fonctionnaire auquel ils font allusion existait déjà au XIIIᵉ siècle.

Sans doute, en 1372 (2), l'Evêque de Coutances recommande à ses prêtres de s'adresser à lui ou « à des personnes députées par lui ».

Même avant cette époque, et en des termes plus

(1) Bessin. *Concilia.* Syn. de Lisieux, 1321, p. 479.

« Volumus ... quod si aliquis sacerdos aliquem mori noverit intestatum quod hoc statim quam cito poterit, nobis vel officiali nostro,.... studeat nuntiare. »

Labbe. *Sacrosancta Concilia.* Paris, 1671, tome XI, pars II, p. 1457. Syn. de Bayeux (environs de 1300).

« Volumus ... quod si aliquis sacerdos aliquem mori novit intestatum, quod ... nobis vel officiali nostro ... nuntiare procuret. »

(2) Bessin. *Concilia.* Syn. de Coutances, 1372, p. 561

« Mandantes... ut infra tres menses... nomina et cognomina dictorum intestatorum ... Nos, seu deputatos nostros ... legitime certificare procurent. »

clairs, les *Nova præcepta* (1) de Jean de Cropeïus,
vicaire de l'archevêque de Rouen, Guillaume de
Flavacurie (1276-1306), nous parlent de quelqu'un
« *ad cujus officium perlinel disposilio bonorum* ».Il y a
là, à n'en pas douter, une allusion évidente à un
fonctionnaire spécial. Mais ce n'est qu'en 1377 (2)
que nous avons rencontré pour la première fois un
office des Testats et Intestats et, en 1391 (3), le
Maître apparaît encore à l'occasion de plaintes
formulées à son égard.

De tous ces textes, il résulte que l'on peut donner
comme époque presque certaine la deuxième moitié du XIVᵉ siècle, et peut-être, mais avec réserve,
la première moitié.

Pourtant il ne semble pas que, dès le début de la
création de notre fonctionnaire, il ait existé partout en Normandie. Les lettres de rémission adressées par le Roi à Jean de Donnemesnil en 1402 ne

---

(1) Bessin. *Concilia. Nova præcepla*, p. 84.

« Item prohibemus sub pœna excommunicationis et suspensionis, ne aliquis bona occupet, nisi causa conservandi et ad notitiam
Domini vel illius ad cujus officium pertinet disposilio bonorum ... »

(2) Arch. Seine-Inférieure. G. 8. *Compolus Geraldi La Rocha.
..*, fᵒ 3, vⁿ.

« Recepta officii testatorum et intestatorum per magistrum Guil-
lelmum Souris tradita. »

(3) Bibliothèque Nationale. Ms. fr. 5.333, fᵒ 78, rᵒ.

« Item, avecques ce, monseigneur l'archevesque de Rouen
exige [c.-à-d. tourmente] les subgez du roi par le maistre des intestas .... »

nous fournissent aucune preuve de l'existence du Maître des Intestats (1).

A partir du XVᵉ siècle, chaque diocèse possède dans son Officialité un Maître des Intestats. A Rouen (2), à Bayeux (3), à Lisieux (4), à Séez (5), à Avranches (6), nous en avons des témoignages certains.

(1) Arch. Nat. JJ. 158, n° 266. *Op. cit.*, p. 5, note 1.

(2) Arch. Seine-Infʳᵉ (Inventaires, G. 45, 71, 82, 279, 1.094, 1.195).

(3) Arch. du Calvados. Ms. 207, lat. *Livre noir de l'Evéché de Bayeux.* Tome II, fol. 114.

« ... Deinde dicta domicella, vita finita, cum inventarium per decanum christianitatis auctoritate nostra una cum consensu intestatoris curie nostre vellent, dominus Oliverius de Vassy, miles dominus temporalis de la Forest proximior heres ipsius domicelle defuncte, cupiditate et avaritia motus et execatus, dicta mobilia sibi appropriare volens ausu suo temerario et presumptuoso diabolo ipsum instigante ad dictum locum de Bavento, accedens supra dicta bona prefate domicelle, clamorem de harou emisit et fecit violentia (?) impedire prout de facto impedivit inventarium fieri et compleri. »

(4) Bessin. *Concilia.* Syn. de Lisieux, p. 482.

« Item, si sint aliqui intestati in eorum parochia, vel ecclesiis quibus deserviunt, habeant sine dilatione hoc denuntiare intestatori predicto. »

(5) Arch. de l'Orne. Série G. *1ᵉʳ Registre du Secrétariat de l'Evêché de Séez* du XVᵉ siècle (non inventorié).

Nous n'avons pu déchiffrer que quelques mots, parmi lesquels:... «dominus R. Guico, intestator et receptor deportuum...» le reste est effacé et détérioré.

(6) Arch. de la Manche. Série G. *Juridiction du Chapitre et de l'Evêque d'Avranches* (non inventorié).

« Inventaire des lettres et escriptures mises, closes et produites au greffe de la Court par les doiens et chappitre de l'Eglise cathé-

Au XVIe siècle, le Maître existe encore à Evreux (1)
(1508), où il a dû faire également son apparition,
le siècle précédent, à Séez (2) en 1524, à Lisieux
sous l'épiscopat de Jean Leveneur (3) (1505-1534).

drale Saint-André d'Avranches vers et à l'encontre de Révérend
Père en Dieu, l'evesque dudit lieu d'Avranches pour montrer par
les dits doiens et chappitre que à tort et sans cause ledit evesque
a prétendu, requiz et demandé la jurisdiction desditz doiens et
chappitre estre déclarée sequestrée, et que de la dite requeste,
icelluy evesque doit être esconduit et refusé...

Item produisent et s'aident d'un testament fait et passé par
maistre Pierre Vicquerel avec l'approbacion d'icelluy testament,
auxi autre (?) testament fait par Maistre Jehan Pelicon chanoyne
de la dite église, lequel estoit lors scelleur de la court et jurisdicion
des dits de chappitre et commys à l'office de maistre des Intestatz
pour les dits de chappitre. »

(Ce texte, s'il vise les clercs, démontre néanmoins l'existence du
fonctionnaire).

(1) *Ancien Coutumier de l'Eglise Cathédrale d'Evreux,* vulgaire-
ment appelé Hunaud, publié d'après une copie du XVIIe siècle et
annoté par M. l'abbé Blanquart, dans la Société de l'Histoire de
Normandie. Mélanges, 6e série. Rouen, 1906, p. 53.

« Item ad exercitum jurisdictionis spiritualis habet suum offi-
cialem... magistrum deportuum et intestatorum. »

(2) Bessin. *Concilia.* Syn. de Séez, 1524, p. 437.

« Item, precipimus omnibus et singulis Decanis nostris ruralibus,
ut cum in Synodis per nos, favente Domino celebrandis, ac Calendis per Intestatorem nostrum tenendis comparebunt, et interesse
eos contigerit, caputia antedicta cum cornetis longis deferant et
deferre habeant ; et in Synodis vestes talares assumere et habere
studeant in futurum. »

(3) Bessin. *Concilia.* Statuts de Lisieux, p. 504.

« Et si aliqui intestati parrochianorum decesserint, sine dilatione denuncient dicto intestatori, uti saluti animarum eorumdem
provideatur. »

L'office du Maître des Intestats se perpétue encore plus avant dans la période moderne, mais sa juridiction cesse peu à peu de s'exercer sur les laïques, pour continuer de s'appliquer aux clercs. Ce pouvoir lui restera jusqu'à la veille de la Révolution.

Nous ne citerons, comme exemples, que deux documents, le premier de 1768 (1) — une lettre adressée à Monsieur le Maître des Testats et Intestats de la juridiction du Chapitre de l'Eglise métropolitaine de Rouen ; le second (2), — un acte nous montrant que deux chanoines députés du Chapitre *ad testamenta* ont procédé à la confection d'un inventaire d'un prêtre décédé intestat.

B) Charges accessoires du Maître des Intestats. — Indépendamment des fonctions spéciales concernant directement les biens des intestats, et que nous examinerons plus loin, il est bon de connaître aussi celles que le Maître a pu exercer concurremment. Comme nous l'avons dit précédemment, appelé Maître des Testats, il s'occupait de recevoir les testaments, de les approuver et de vérifier les registres sur lesquels ils étaient mentionnés (3).

(1) Arch. Seine-Infre. G. 3462.

(2) Arch. de l'Eure. G. 59.

(3) Bessin. *Concilia.* Syn. de Séez, 1524, p. 437.

« Item statuta pro testamento defunctorum olim per prædecessores nostros edita et publicata in Synodis et Calendis præcedentibus. Quæquidem statuta sunt, quod in singulis calendis, curati seu eorum vicarii habeant ferre registra testamentorum et codicillo-

Il en est ainsi à Lisieux en 1448 (1). Ce texte,
qui fait de l'*Inleslalor* un *Approbalor* de testaments
doit être rapproché de celui du Synode d'Avranches
de 1550 (2), qui donne à l'*Approbalor* non seulement
la compétence en matière testamentaire, mais
encore celle en matière d'*inleslalio*. A cet effet, il
préside certaines réunions dans lesquelles étaient
traitées les affaires de son ressort (Séez, 1524) (3).
Il donnait aussi son consentement pour effectuer
les inventaires des biens légués (Bayeux) (4).

Enfin, une autre fonction qu'il nous faut indiquer

rum per suos predecessos parochianos in suis ultimis voluntatibus
factorum; et illa registra Intestatori nostro exhibere et tradere
teneantur; suosque parochianos moneant et invitent de hujusmodi testamentis a suis registris extrahendum et in scriptis et forma
authentica,ut solitum est, levandum; ut demum per eumdem Intestatorem examinari et approbari valeant hujusmodi testamenta;
quas ultimas voluntates eorumdem defunctorum adimpleri inte-
graliter et observari præcipimus.»

(1) Bessin. *Concilia.* Syn. de Lisieux, p. 482.

« VII. Curati et capellani desservientes ecclesiis parochialibus
nostræ Diocesis, habentes penes se testamenta, vel notitiam aliquorum testamentorum editorum, illa afferant intestatori nostro ut
dicta testamenta approbentur... »

(2) Bessin. *Concilia.* Syn. d'Avranches, p. 287.

« ...Mandantes et præcipientes sub prædictis pœnis, omnibus
ecclesiarum rectoribus, ut infra mensem a die notitiæ quilibet in
sua parochia una cum intestatorum nominibus, bonorum ipsorum
iuventarium ad ipsum approbatorem apportare procurent... »

(3) Bessin. *Concilia.* Syn. de Séez, 1524, p. 437. Voir p. 67,
note 2.

(4) Arch. du Calvados. Ms. lat. 207. Tome II, fol. 114. *Op. cit.*;
p. 66, note 3.

ici, mais que nous nous garderons bien de généra-
liser, est celle de receveur des *déports*. A chaque
vacance de bénéfice ecclésiastique un droit, nommé
déport, était perçu au profit de l'Evêque. Le Maître
des Intestats, surtout s'il s'occupait à la fois des
laïques et des clercs, a pu recueillir ces droits dans
certains diocèses. Ainsi en est-il à Séez (1). Ce fait
se retrouve à Rouen, où le Maître, Thomas de Bourg,
« baille » au trésorier de l'Archevêque, Jean Alespée,
« sur ce que ledit defunct devait audit trésorier tant
« à cause du depport de l'église de Saint Gilles de
« la Neufville... comme sur plusieurs sommes qu'il
« devoit du temps passé, comme appert par quit-
« tance du dit trésorier. Cy rendu XVII l. XII s.
« XI d. ».

Ces fonctions sont toutes différentes, et pouvaient
être confiées à d'autres personnes; néanmoins, il
se peut que le cumul ait existé plusieurs fois (2).

§ 2. — *Conduite des Opérations.*

A) Procédure. — La première des formalités
à remplir était nécessairement de faire connaître
à qui de droit (Evêque, ou ses délégués, ou Maître)

---

(1) Arch. de l'Orne. G. *1er Registre du Secrétariat de l'Evêché de
Séez. Op. cit.*, p. 66 note 5.

(2) Arch. de la Seine-Infre. G. 279. Comptes des Maîtres des Testats
et Intestats. Cf. Pièces justificatives, n° 5.

les noms des personnes décédées intestat. Les nombreuses prescriptions synodales nous renseignent à cet égard. Le curé devait avertir le doyen, l'official, ou l'évêque (1); il y avait même des amendes pour celui qui négligeait d'avertir le Maître des Intestats et qui, entre temps, avait procédé à la sépulture du défunt; l'amende était d'ailleurs minime (2).

Le délai pendant lequel on devait avertir l'autorité épiscopale pour lui donner la saisine des meubles était variable. A Lisieux (3) il n'y en avait pas,

---

(1) Cf. entre autres Labbe. *Sacrosancta Concilia.* Tome XI, pars II, p. 1457. Synode de Bayeux, vers 1300, art. 57.

« Volumus et præcipimus quod si aliquis sacerdos aliquem mori novit intestatum, quod hoc statim quam cito poterit, nobis, vel officiali nostro vel saltem decano loci, nunciare procuret; et hoc sub pœna suspensionis dignum duximus omnibus intimandum. »

Bessin. *Concilia.* Syn. de Lisieux. p. 479. *Op. cit.,* p. 64, note I.

Bessin. *Concilia.* Syn. de Coutances, p. 561. *Op. cit.,* p. 64, note 2.

(2) Arch. de la Seine-Infre. G. 267 (année 1463-64). Registrum emendarum de anno Lxiijo, fo 9, vo.

« Domnus Laurencius du Perroy, presbiter, curatus de Malonido die Xa marcii Lxiij. E. eoquod inhumavit cadaver Roberti du Port-Guéroult, parrochiani sui, qui subito decesserat, absque litteris Domini; et quod non denunciavit magistro intectatorum quod dictus Robertus intestatus decesserat. Et fuit taxatus per Domnum ad XV s. »

(3) Bessin. *Concilia.* Statuts de Lisieux (Jean Leveneur), p. 504.

« Et si aliquis intestati suorum parrochianorum decesscrint sine dilatione denuncient dicto intestatori, uti saluti animarum corumdem provideatur. »

l'avertissement devait être immédiat. A Bayeux, on devait donner les noms et rédiger les inventaires le plus vite possible (1). Les règlements de Coutances (2) exigeaient trois mois, ceux d'Avranches un mois (3). (Dans ces deux diocèses, les inventaires devaient être présentés durant ce délai pour être approuvés par l'Evêque ou ses représentants).

Les noms une fois recueillis, il était procédé à la confection d'un inventaire des biens meubles du défunt. Les Synodes ne font qu'en parler constamment, aussi n'y a-t-il qu'à s'y reporter pour le constater. Malheureusement, nous n'avons pas pu trouver un exemple de ces inventaires, qui nous aurait non seulement fourni de nombreux détails

(1). Syn. de Bayeux, 1317.

XXXV. « Volentes insuper et præcipientes quod de intestatis et pupillis citius quam potueritis, post eorum decessum nos certificare curetis, nec non bona indilate et sine mora arrestetis, inventorium de eisdem facientes; et ea tradatis sub fideli custodia observanda quousque per nos seu loci decanum aliud super hoc fuerit factum seu ordinatum.»

(2) Bessin. *Concilia*. Syn. de Coutances, 1372, p. 561.

« Mandantes et præcipiantes sub pœnis prælibatis omnibus rectoribus et personis ecclesiasticis ut infra tres menses a tempore notitiæ quilibet in sua parochia, nomina et cognomina dictorum intestatorum cum inventario bonorum ipsorum, Nos ... certificare procurent. »

(3) Bessin. *Concilia*. Synode d'Avranches, 1550, p. 287.

« Mandantes et præcipientes, sub prædictis pœnis omnibus ecclesiarum rectoribus, ut infra mensem a die notitiæ quilibet in sua parochia una cum intestatorum nominibus, bonorum ipsorum inventarium ad ipsum approbatorem apportare procurent... »

sur la confection matérielle de l'acte, mais encore
nous aurait, sans doute, procuré des indications
utiles à notre travail.

Nous sommes heureux néanmoins de pouvoir
publier à la fin de cet ouvrage un spécimen de comptes de recettes et dépenses que le Maître des Intestats dressait chaque année.

Dans ces comptes, tantôt le Maître des Intestats
affirme par serment avoir distribué les biens inventoriés sans plus donner d'explications, tantôt par
une série de recettes on voit que les biens ont
été vendus et que les prix de vente s'élevaient à
telle ou telle somme. Reprenant ensuite les dépenses correspondantes, on trouve l'emploi des deniers
résultant de la vente de ces biens. Les créanciers
étaient d'abord désintéressés, on payait ensuite
les frais d'obsèques, les luminaires, les honoraires
pour messes et « autres mises » (1). Peut-être faut-il
voir dans cette expression, soit des donations
pieuses, soit des menus frais, ou paiements de certains droits ecclésiastiques, comme par exemple
le *mortuarium*. En tous cas, c'est tout ce que nous
avons trouvé de plus précis sur la matière, mais
nous avons pu remarquer qu'il y avait concor-
dance parfaite entre le contenu de ces documents
et les prescriptions synodales rencontrées jusqu'ici,
en ce qui concerne le paiement préalable des dettes.

(1) Arch. Seine-Inf^re G. 279. Cf. Pièces justificatives, n° 5.

Après le règlement de toutes ces dépenses, il ne restait rien en général, parce que tout avait été employé. Cependant, si les recettes présentaient un excédent, elles servaient à indemniser notre fonctionnaire des déplacements qu'il était obligé de faire et des différents frais qui lui incombaient. Ainsi une somme de 58 sols 5 deniers fut laissée à Thomas du Bourg « tant pour parchemins à faire et dou-« bles et escrire iceulx, comme pour sa despence et « de ses chevaux qui furent logiés en hostellerie (1) ». De même, une somme de 13 livres 8 sols 3 deniers fut laissée au Maître des Intestats et à son commis pour leur voyage pendant neuf jours avec deux serviteurs, et quatre chevaux pour procéder à l'inventaire des meubles du Cardinal Richard, évêque de Coutances (2).

(1) Arch. Seine-Inf^{re}. G. 279. Voir Pièces justificatives, n° 5.

(2) Arch. Seine-Inf^{re}. G. 296.

« Compotus magistri testatorum et intestatorum tocius civitatis et diocesis Rothomagensis...

Recepta

. . . .

Solutiones

. . . .

« Item pro expensis veagii per dominum magistrum Intestatorum et Guillelmi Cavenote, commissarium venerabilis et circumspecti viri domini vicarii et officialis Rothomagensis, auctoritate metropolitana et superiori fungentis ad faciendum inventarium et vendicionem bonorum mobilium quondam bone memorie Reverendissimi in Christo Patris domini Ricardi, dum viveret, sacrosancte Romane catholice cardinalis, Constanciensis Episcopi, in civitate et diocesi Constanciensi et alibi in provincia Rothomagensi exis-

Constatons, en terminant, qu'il n'est aucune-
ment parlé de legs pieux; on est même étonné de
voir que le reliquat de ces comptes n'ait même pas
été l'objet d'une distribution en bonnes œuvres,
comme on aurait été en droit de le supposer.

*B) Difficultés que rencontra le Maître des Intestats
dans l'exercice de son droit.*

Le fonctionnaire épiscopal ne devait pas exercer
sa juridiction sans rencontrer des obstacles créés
par les autorités royales. Nous allons passer en
revue quelques-uns de ces cas, où sa compétence
lui fut jalousement disputée.

Dès l'époque où le Maître apparaît pour la première fois, c'est-à-dire à la fin du XIVe siècle, nous
entendons déjà des plaintes à son sujet. Lors de
la session de l'Echiquier de Pâques de 1391 (1), les

---

tencium, ab eodem domino vicario specialiter deputatum ratione
et ad causam executionis dictorum bonorum mobilium ipsius
Domini Episcopi defuncti, et de mandato [ipsius] prelati domini
vicarii f... In quo veagio steterunt et vacaverunt predicti magis-
ter intestatorum et commissarius cum duobus servitoribus et
quatuor equis per IX dies, penis et laboribus ipsius minime com-
putatis ascendentibus ad XIII liv. VIII sols III den. ideo hic. »

(1) Bibliothèque Nationale. Ms. fr. 5333, f° 77, v°, en bas.

« Item, se le juge royal a commencé a congnoistre de la reddition d'aucun compte de testament ou de l'execution d'iceulx,
tantost que l'official le sait il contraint par admonicion et excom-
meniement les parties à amender et cesser; et se tost que ung des
subgectz du Roi est mort, combien qu'il ait fait et ordonné son testament comme bon catholique, toutesvoies le maistre des intestats
prend et saisit tous les biens et en fait inventaire et les distribue à

officiers royaux exprimèrent leurs doléances au conseil des Maîtres; ils accusent l'officier de l'Evêque de prendre xij deniers par livre à chaque reddition d'un compte de testament, et en cas d'*intestatio* de prendre, saisir tous les biens « comme confisquez et acquis par sa main ». Les plaintes sont amères et, par leur violence, suscitent des mots impropres qui vont jusqu'à méconnaître la véritable nature de la coutume de l'Église.

Un peu plus tard, en 1428, survint un procès où fut mise en cause la juridiction de l'Evêque.

Un individu, du nom de Bellemare, marchand de draps, et voyageant pour le compte de Guillaume Moyl, mourut intestat. Ses marchandises furent « mises en arrêt en la main du Roy » pour être

son plaisir et en retient toute congnoissance; et se il meurt intestat, il prend les biens comme confisquez et acquiz par sa main, et sur le fief lay du Roy. Les baillifs porvoient au contenu en cest article par l'advis des conseulx et des procureurs du Roy, ainsi comme ilz verront à faire de raison.

Fᵒ 78, rᵒ « Item, avecques ce, monseigneur l'archevesque de Rouen exige les subgez du Roy par le maistre des intestas. Car à la reddition d'un compte d'un testament tant soit grand ou petit, ledit maistre prend et exporte xij deniers par livre dont l'en ne soulloit (?) rien prendre, mais que une simple cortoisie que l'en donnoit de vollenté; et qui plus est, se un testateur laisse a ung sien amy une maison et une pièce de terre ou autres éritages ou aucuns biens meubles, l'en estimera le prix du delaiz et en prendra le dit maistre xij deniers par livre. Et ce ont ilz introduit puis aucun temps en ça. Les baillifs y porvoient comme à l'article précédent. »

conservées puis rendues à qui de droit. Le Maître
des Intestats de Rouen fit opposition. Thomas Moyl,
mandataire et neveu de Guillaume, démontra que
les biens appartenaient à son oncle et demanda au
Procureur du Roi la levée de justice, et au Procureur de l'Archevêque la raison de son opposition.
Ce dernier, invoquant la coutume du pays qui le
rendait seul compétent en la matière, dit qu'il n'y
avait pas lieu pour cela à procès en cour d'Eglise ;
il ajouta que si Thomas Moyl voulait démontrer
aux gens d'église que les biens appartenaient à
Guillaume et non à Bellemare, il était prêt à faire
délivrance de ces marchandises ; mais le Procureur
du Roi, malgré tout, et considérant que les biens
arrêtés appartenaient réellement à Guillaume, fit
lever la main de justice, et les remit en la possession
de Thomas (23 décembre 1428) (1).

L'affaire semblait être terminée, lorsqu'un mois
plus tard, le roi d'Angleterre, Henri VI, exerçant
alors ses droits sur la Normandie, reçut de l'Archevêque de Rouen une complainte. Les faits exposés à
nouveau, le prélat invoque la coutume et affirme
solennellement sa compétence. Il prétendit qu'il y
avait eu violation du droit et préjudice envers le
Maître des Intestats ; d'autant plus que Thomas Moyl
avait été invité à établir, devant les gens de la

(1) Arch. Seine-Inf^re. G. 1195 (Inventaire sommaire). Cf. Pièces
justificatives, n° 6.

cour de l'Evêque, l'origine de propriété, des biens
trouvés entre les mains de Bellemare. Enfin, l'Archevêque pria le Roi de bien vouloir ajourner au
prochain Echiquier son bailli et son lieutenant
pour remettre les choses en l'état (22 janvier 1428)(1).

Il est malheureusement regrettable que nous
n'ayons pas l'arrêt relatif à ce procès, qui eût été
des plus intéressants au sujet de la compétence
épiscopale. Il ne s'agissait pas là, en effet, de savoir
si la sentence avait été convenablement rendue,
mais bien de savoir lequel, du Maître des Intestats
ou du Bailli, avait le droit de s'occuper le premier
des biens du défunt. L'arrêt nous l'aurait fait connaître.

Mais les registres de l'Echiquier de cette époque
ont disparu, et nous n'avons eu qu'à nous incliner
devant cette fâcheuse circonstance.

Un autre document du milieu du XVe siècle
nous montre encore que la juridiction du Maître
était de nouveau contestée par l'autorité laïque.
Le 7 octobre 1430 (2), Official, Promoteur et
Maître des Intestats sont ajournés à la prochaine
assise de Rouen, et il leur est ordonné de ne plus
prétendre avoir la connaissance des successions
mobilières, des legs et inventaires, avant que la
question en litige ne soit tranchée.

(1) Arch. Seine-Infre. G. 1195. Cf. Pièces justificatives, no 7.
(2) Arch. de la Seine-Infre. G. 1094. Cf. Pièces justificatives, no 8.

Ces conflits entre les deux juridictions devaient ébranler le pouvoir de l'Evêque. L'étude de la décadence de notre coutume et des causes des attaques dont elle fut l'objet, sera traitée dans le chapitre suivant.

CHAPITRE III

Décadence du Droit de l'Évêque.
Son Histoire, ses Causes.

————

Si l'Eglise Normande, sans avoir jamais vaincu définitivement toutes les difficultés qu'elle rencontra, relativement à l'usage de son droit, affirma néanmoins sa compétence en de nombreuses circonstances; si, aux XIIIe, XIVe, XVe siècles et début du XVIe, elle eut une procédure propre, un fonctionnaire *ad hoc*, elle subit cependant durant toute cette époque de rudes assauts de la part des autorités rivales, qui s'efforcèrent toujours de la supplanter dans sa juridiction; elle se heurta à des influences, à des idées nouvelles qui, peu à peu, lui retirèrent toute compétence en matière testamentaire.

*
* *

Un fait indéniable, et qui contribua par dessus tout à ruiner la prépondérance religieuse à la fin du Moyen Age, fut le développement du pouvoir

6

royal. Celui-ci n'essaya pas d'anéantir du premier coup la juridiction ecclésiastique; ses prétentions allèrent toujours en progressant. Un jour vint où, favorisé par des circonstances que nous étudierons plus loin, il se sentit assez fort et donna le coup de grâce à notre vieille institution.

Lors de la célèbre Assemblée de Vincennes de 1329, où prélats et officiers du Roi étaient venus soumettre leurs doléances réciproques et exprimer leurs desiderata, nous voyons Pierre de Cugnières, conseiller du Roi, se plaindre de ce que les juges d'Eglise veulent faire les inventaires des biens des intestats, avoir la saisine de leurs meubles pour les distribuer ensuite aux héritiers ou à qui bon leur semble (Art. 64 des griefs) (1).

Ici il n'y a pas encore négation du droit, mais plainte seulement; et pour donner plus de forces à celle-ci et attirer davantage l'attention, on n'a pas craint de protester aussi contre la mainmise des Evêques sur les immeubles eux-mêmes ! Protestation sans doute motivée par quelques abus, mais dont, en tous cas, nous n'avons trouvé aucune trace.

Ce droit de faire inventaire, contesté au début du XIVe siècle, sera nié, du moins dans quelques

(1) Durand de Maillane. *Libertés de l'Eglise Gallicane.* Tome III, p. 455.

Art. 64. « Judices ecclesiastici volunt inventaria facere de bonis illorum qui ab intestato decedunt, voluntque bonorum tam mobilium quam immobilium possessionem habere, et ipsam per manus eorum distribui hæredibus, vel illis quibus volunt de ipsis conferre. »

régions, à la fin du XVᵉ. En dehors de la Normandie
en effet, nous verrons que la Cour soutient le procureur du Roi poursuivant l'Evêque de Noyon en 1489,
coupable d'avoir fait inventorier les biens des
intestats (1). Chez nous, nous constaterons que,
dans un des comptes de Jean Gouel, Maître des
Intestats à Rouen en 1490 (2), ce dernier fait figurer
au nombre des dépenses, un paiement de 102 sols
8 deniers pour obtenir la mise en liberté de Nicolas
Carpentier, de la Cour épiscopale, prisonnier dans
les cachots du Roi pour avoir inventorié les meubles
d'une femme décédée intestat et s'être occupé de
son inhumation.

Ainsi, à cette époque, on ne se contentait plus de
protester, on passait de la parole aux actes. On

(1) Imbart de la Tour.*Les origines de la Réforme.*Tome II, p. 118.
(2) Arch. Seine-Infʳᵉ. G. 279.

« Compotus Johannis Gouel, canonici ecclesie Rothomagensis
magistri testatorum et intestatorum...

Recepta

· · · · · · · · · · · · · · · · · ·

Solutiones

« Item, pro expeditione et elargitione Nicolai Carpentier ser-
vientis curie archiepiscopalis Rothomagensis, in carceribus regiis
detenti, ex eo quod inventarium bonorum mobilium cu'usdam
mulieris ab intesta (*sic*) defuncte in parrochia Sancti Macuti Rothomagensis fecerat, et eam inhumari procuraverat, atque pro execu-
tioni demandando quamdam doleanceam pro dicto casu obtento
adversus et contra officiarios domini nostri Regis hujus civitatis
Rothomagensis juxta particulas hic exhibitas ascendentes ad
sommam... CII s. VIII d. »

prétendait que l'Eglise, n'ayant pas de territoire,
ne devait pas exercer de juridiction sur les choses
temporelles, comme l'Etat le faisait sur son propre
domaine; et les cas ci-dessus seraient deux exemples parmi tant d'autres tendant à prouver l'application de cette théorie, dont nous n'avons pas ici
à faire un exposé détaillé, mais que nous devons
mentionner comme ayant contribué à enlever à
l'Eglise tout pouvoir dans la matière qui nous
occupe.

Mais, pour en revenir à l'Assemblée de Vincennes,
si au commencement du XIVe siècle on ne niait pas
catégoriquement le droit, on en limitait l'étendue.
L'art. 24 des Griefs contient des restrictions importantes : les mineurs ne doivent pas être l'objet de
mesures spéciales de la part des prélats; ceux-ci ne
doivent pas saisir leurs biens, comme s'il s'agissait
de ceux des majeurs intestats (preuve que la juridiction ecclésiastique était reconnue en fait sur ces
derniers), car les mineurs et leurs biens sont en la
garde du Roi (1). Ajoutons ici, à cette raison, l'in-

(1) Durand de Maillane. *Libertés de l'Eglise Gallicane.* Tome III,
p. 449.

Art. 24. « Item, dicti prælati faciunt gagiari et compelli per
suos præpositos clericorum mulieres viduas, et nituntur habere
cognitionem earum nec non cognitionem pupillorum, et sibi applicare bona ipsorum quando moriuntur pupilli, sicut de majoribus
ætate quando decedunt ab intestato, quorum quidem cognitio
pertinet ad Regem, quia tales personæ et earum bona sint in guardia ipsius. »

fluence du droit coutumier relatif au droit de tester, que nous avons étudiée dans notre dernier chapitre et que nous rappelons ici pour mémoire (1).

La question de la limitation du droit était donc formellement posée en 1329. D'ailleurs, avant cette époque, l'idée était bien toujours la même. Si la juridiction épiscopale n'était pas méconnue, elle donnait lieu, du moins, déjà à des compromis et à des décisions de justice, de plus en plus défavorables à la cause que soutenait l'Eglise. (Cf., au chapitre II, le règlement entre l'Evêque d'Evreux et le maire de Verneuil, page 55; l'arrêt de l'Echiquier de 1287, p. 54, et l'arrêt rendu contre l'Evêque de Lisieux en 1326, p. 56).

Aux plaintes et aux négations de Pierre de Cugnières, les prélats se défendirent de porter atteinte aux droits des héritiers, en inventoriant et distribuant les biens qui leur étaient échus, et déclarèrent qu'ils n'agissaient ainsi que dans les pays où la coutume leur en conférait le droit (2).

(1) Cf. Chapitre II, p. 54.

(2) Van Espen. *Jus ecclesiasticum Universum.* Pars III, tit. II, ch. II, p. 192. — Durand de Maillane. *Libertés de l'Eglise Gallicane.* Tome III, p. 498.

« Ad LXIV et LXV art., qui loquuntur de executoribus et inventariis bonorum testatorum et intestatorum, dixit quod, tam de jure scripto quam de consuetudine speciali, Prælati sunt executores legitimi testamentorum. Unde si executio venerit ad prælatum, nulli facit injuriam bona inter hæredes distribuendo, et de eis inventaria faciendo. Et hoc idem dixit de bonis intestatorum,

Cette célèbre dispute laissa intacte,mais ébranlée, la juridiction de l'Evêque car, à la fin du XIVe siècle et pendant tout le XVe siècle, on alla plus loin. On discuta la compétence du Maître des Intestats au point de vue des principes. A l'appui de cette assertion, nous rappelons ici les exemples signalés antérieurement (Protestation des officiers du Roi au Conseil des Maîtres, à la session de l'Echiquier de 1391, p. 75. Affaire Bellemare-Guillaume Moyl, 1428, p. 76. Assignation du Maître des Intestats aux assises de Rouen, 1430, p. 78. Comptes de Rouen [séquestration pour avoir inventorié], 1490, p. 83; et en dehors de la Normandie, jugement porté contre l'Evêque de Noyon, 1489, p. 83).

*
* *

Nous avons montré jusqu'ici le déclin de la coutume en Normandie, mais partout où elle existait,

maxime in locis, ubi sic de consuetudine extitit observatum, a tanto tempore quod in contrarium memoria non existit. »

En ce qui concerne les pupilles intestats : p. 490.

« Ad XXIV art. qui loquitur de viduis, pupillis et intestatis, dicit dictus Episcopus : quod de jure divino et humano guardia talium personarum, quantum ad violentias et saisinas, pertinet ad Ecclesiam, et sic etiam de consuetudine observatur in Ecclesiis Gallicanis. Quantum ad bona intestatorum et pupillorum, dixit quod in Ecclesiis ubi esset consuetudo super hoc specialis, debet eadem consuetudo servari, ubi autem non esset, quantum tangit petitorium cognitionis. Ecclesia nolebat se intromittere, nisi haberet hoc ex privilegio aut consuetudine speciali. »

on la combattait. Ailleurs même, la résistance à la juridiction épiscopale s'est organisée de meilleure heure, ce qui explique la disparition du droit à une époque moins tardive que chez nous.

Aussi est-il bon de sortir un peu du cadre territorial que nous nous sommes tracé, pour constater, dans d'autres régions, les influences qui précipitèrent la décadence du droit de l'Evêque en Normandie.

C'est d'abord un Concile de Paris, de 1212 (1), qui « voulant extirper le monstre d'avarice » chez les ecclésiastiques, leur interdit d'obliger par la force les laïques ou autres personnes à donner ou léguer par testament pour la célébration de messes mensuelles ou annuelles. Ce texte, qui ne vise pas directement le droit d'*intestatio*, semble cependant dans ses conséquences y porter atteinte. Il n'admet pas, en effet, les legs pieux forcés, si bien, qu'à la mort d'un intestat, l'Evêque, pensons-nous, n'avait pas à faire de distributions pieuses dans l'intérêt de l'âme du défunt, puisque, de son vivant, ce dernier n'aurait pu être contraint à abandonner une partie de ses biens.

---

(1) Mansi. *Concilia*. Tome XXII, p. 822. Concile de Paris, 1212.

« Præterea, a viris ecclesiasticis monstrum avaritiæ extirpare volentes, authoritate legationis nostræ in virtute Spiritus Sancti prohibemus, ne pro annalibus, vel triennalibus vel septennalibus Missarum faciendis laici vel alii dare aliquid vel legare cogantur in testamento ... »

Au XIIIe siècle, nous voyons Beaumanoir (1)
se vanter d'avoir délivré la saisine des meubles aux
héritiers du défunt, malgré les prétentions du
prélat de Beauvais.

Cette préoccupation de donner satisfaction aux
droits des héritiers se rencontre d'une façon plus
explicite encore dans un arrêt du Parlement de
Paris du 26 mai 1357 (2).

Par les motifs qu'il énumère, nous constaterons,
sans peine, que cet arrêt a dû contribuer pour beaucoup à créer une jurisprudence contraire aux intérêts de l'Eglise.

L'Evêque de Beauvais avait été appelé devant
le procureur au bailliage de Senlis, à l'occasion de
l'exercice de sa juridiction sur les intestats. A cause
de la qualité de Pair de France de l'Evêque, l'affaire
fut renvoyée par devant le Parlement. Là, le procureur général du Roi affirma qu'il y avait eu, de la
part du prélat, usurpation et abus, et réclama une
amende. L'Evêque, de son côté, invoqua la Coutume, ajoutant que ce droit aux biens des intestats

(1) Beaumanoir. *Coutumes de Beauvaisis.* Paris, 1899, 2 vol.
Tome I, ch. XV, p. 249, n° 518 *in fine.*

« Et si ai-je veu que de ceus qui mouroient sans testament que
l'evesques en vouloit avoir les muebles, mes il ne les en porta pas
par nostre coutume; ains en ai délivrée la saisine as oirs du mort,
au taus de nostre baillie par pluseurs fois à la seue de la court
l'evesque. »

(2) Arch. Nationales, X1a 16, 390 r° 33. Voir Pièces justificatives, n° .

avait été reconnu sous le précédent épiscopat par
le bailli de Senlis, dans une sentence définitive.
Le procureur du Roi soutint que deux personnes
(c'est-à-dire: l'héritier et l'Evêque) ne pouvaient être
en saisine d'un même bien, et que, par conséquent,
la règle générale « *mortuus saisit vivum* » était en contradiction avec la prétendue saisine du prélat. Il
déclara ensuite que le droit de tester, le libre arbitre
étaient des droits naturels et intangibles que l'Evêque ne pouvait s'attribuer, ni prescrire, et que nul
ne pouvait être contraint à faire de testament ; qu'en
agissant de la sorte, l'Evêque portait atteinte, non
seulement aux droits des héritiers, mais encore
à tous ceux qui relevaient de l'autorité royale,
droits d'épaves, de confiscation, de déshérance, de
mainmorte, de bail, et, spécialement, droit de garde
que le Roi exerçait sur la personne et les biens
des mineurs. Il ajouta, en outre, que la sentence
rendue par le bailli de Senlis, invoquée par l'Evêque,
ne pouvait lui être d'aucune utilité, car, non seulement l'usurpation ou la saisine (si elle avait
existé) avait été interrompue, mais encore la sentence ayant été rendue par un juge incompétent,
le procès était nul.

La Cour n'admit pas l'Evêque de Beauvais à
prouver sa saisine, déclara qu'il y avait eu abus,
mais cependant ne lui infligea pas d'amende et le
mit hors de cause.

Une jurisprudence aussi précise, a dû, répétons-le,

avoir une grande influence, car, nous l'avons vu, ce n'est qu'à la fin du XIVe siècle qu'en Normandie le droit de l'Evêque, objet de restrictions auparavant, devint objet de contestations réelles dans son principe.

Au XVIe siècle, plusieurs arrêts tendent à amoindrir la compétence des ecclésiastiques en matière testamentaire dans la France entière (1). Et en Normandie, alors que le droit de l'Eglise est affirmé dans les commentaires des Coutumiers et dans les Synodes diocésains jusqu'à la veille de la rédaction de la Coutume de 1583 (2), il disparaît totalement de celle-ci ; les travaux préparatoires n'y font même pas allusion : « Les meubles des suicidés appartiennent au Roi, quant à ceux des personnes mortes par accident ou par accès de frénésie, ils sont dévolus aux héritiers. » Cette solu-

_____

(1) Durand de Maillane. *Libertés de l'Eglise Gallicane.* Tome I, p. 373 et suivantes. Arrêts de 1539 et de 1547. Extrait des registres du Parlement, 10 janvier 1668.

(2) *Nouveau Coutumier Général.* Tome IV (Procès-verbal des Coutumes de Normandie), p. 120.

« Quant au vingt-et-uniesme chapitre, intitulé de l'*homicide de soy mesme*, a esté arresté qu'au cayer de ladite coustume reformée au chapitre *de fiefs,* sera mis, que les meubles de ceux qui se sont occis ou faits mourir d'eux-mesmes appartiennent au Roy privativement aux seigneurs, s'ils n'ont tiltre ou possession valable au contraire : néanmoins si par force de maladie, frénésie ou autre accident ils estoient cause de leur mort, leurs meubles demeurent aux héritiers aussi bien que les immeubles. »

tion, adoptée en 1577, fut consacrée définitivement par l'article 149 de la nouvelle Coutume (1).

Le droit de l'Evêque aux meubles des intestats avait vécu.

* *
*

Ainsi, développement de la juridiction royale, — souci d'assurer aux héritiers un droit aux biens du défunt, grâce à la théorie : *morluus saisil vivum*, — idée sans cesse grandissante que l'Eglise, n'ayant pas de territoire, ne devait pas avoir de juridiction sur les affaires temporelles, — préjudices causés aux différents droits royaux ; tels sont les principaux motifs qui se dégagent .de l'histoire des deux derniers siècles de notre institution et qui contribuèrent à sa ruine.

Il y en eut d'autres, croyons-nous. Tout d'abord, le vieux brocard : *res mobilis, res vilis*, qui a pu justifier pendant longtemps le rôle considérable de l'Evêque dans le règlement des successions mobilières des intestats, ne répondit plus à la réalité des faits. De peu d'importance autrefois, la fortune mobilière pouvait être l'objet de la saisine de l'Evêque, sans que cette mesure ait pu donner lieu à des protestations ; mais elle s'agrandit, et dès lors les revendications des héritiers s'expliquèrent aisément.

(1) *Nouveau Coutumier Général.* Coutumes des Pays de Normandie. Tome IV, p. 66, art. 149.

De plus, au fur et à mesure que nous nous rappro-
chons du XVIe siècle, les sentiments chrétiens avaient
tendance à diminuer; les legs pieux, s'ils existaient
toujours, étaient amoindris, le testament devenait
profane.

Et certes, il ne faut pas nier que le Protestantisme n'ait pas là fait sentir son influence. Prétendant, d'une part, réformer les abus du clergé et
mettre un frein à leur cupidité, il crut trouver dans
cette coutume un terrain tout préparé pour exercer
son prosélytisme.

Niant, d'autre part, le dogme de la prière pour les
morts et leur justification par les bonnes œuvres,
il devait user de tous ses moyens pour anéantir le
droit de l'Evêque.

Enfin, la crainte exagérée que certains prélats
inspiraient au peuple amena une réaction qui con-
corda avec l'émancipation des esprits au XVIe
siècle. Nous ne citerons qu'un fait qui se passa, dans
les dernières années du XIIIe siècle à Coutances,
alors que Pierre Dubois était avocat du Roi en
cette ville (1).

(1) N. de Wailly. *Mémoire sur un opuscule anonyme* intitulé :
Summaria brevis et compendiosa doctrina felicis expeditionis et
abbreviationis guerrarum ac litium regni francorum (dans les
Mémoires de l'Académie Nationale des Inscriptions et Belles Lettres. Tome XVIII, 2e partie, p. 435-461.)

Summaria Brevis... etc. Bibl. Nat. Ms. lat. 6222 C., fo 21 ro.

« Non enim sufficeret quod inquisitores solum procederent ad
conquestionem eorum in quorum prejudicium esset juridicio

A la mort d'un enfant, l'Evêque avait réclamé
ses meubles valant 300 livres. Les sœurs du défunt,
de leur côté, réclamaient aussi les biens à titre
d'héritières. Dans le procès qui eut lieu, la mère se
tint du côté du prélat, afin, disait-on, d'éviter d'en-
courir une correction pour les dérèglements auxquels la voix publique l'accusait de s'être livrée
avec un prêtre.

*
* *

Pour toutes ces raisons, il est possible que l'Eglise
sentant la lutte inégale ait laissé tomber en désué-
tude son droit, sans essayer de résister davantage,
et d'autant plus facilement, ajoutons-le, qu'aucun
principe du dogme catholique n'était mis en péril
par la suppression de cette coutume.

Telles sont les causes de la décadence et de la

usurpata, impedita, seu in ejus prejudicium quidquam factum;
quia forte tales persone propter metum aut amorem prelatorum
vel su[orum] officialium se movere non auderent, sicut vidi contin-
gere de quadam vidua divite, cujus filius infans decesserat. Episcopus mobilia sua que valebant trecentas libras petebat, ex una
parte et due filie matris ex altera. Cum dominus Rex causam
per me suum advocatum deffenderet pro filiabus, mater contra
filias et dominum regem cum episcopo se tenebat, ut dicebatur;
ne corrigeretur super incontinencie vicio super quo cum quodam
presbytero commisso dicebatur diffamata. Longe quidem major
pars hominum pusillanimis est et secors quantum ad juridicionis
deffensionem, nec est mirum si pauperes lites sumptuosas et labo-
riosas abhorrent... »

disparition du droit épiscopal qui, après une existence connue de près de quatre siècles, s'écroula
sous la poussée croissante de la sécularisation du
monde et de nos institutions.

APPENDICE

—

Le Droit à Jersey

La Révolution française, par les idées nouvelles qu'elle implanta dans les institutions de notre vieux monde, avait sécularisé l'œuvre législative de la plupart des pays d'Europe ; et ces vieilles coutumes ecclésiastiques semblaient avoir disparu pour toujours.

Pourtant, la tradition veillait : l'Angleterre gardait jalousement ses anciennes coutumes, la compétence de l'Eglise en matière de testament durait encore jusque dans la première moitié du XIXe siècle.

Plus près de la Normandie, Jersey, jusqu'à nos jours, nous offrait encore, bien transformé, il est vrai, un des derniers vestiges du droit de l'Eglise aux biens meubles des intestats. Et nous regretterions de terminer cet ouvrage sans parler brièvement de la survivance de l'institution dans cette île, que des considérations géographiques rattachent toujours à notre vieille province.

*
* *

Jersey, fière de sa quasi-indépendance vis-à-vis de l'Angleterre, a conservé elle aussi avec soin les antiques monuments législatifs édifiés par nos pères les Normands. Notre coutumier du XIIIᵉ siècle est resté toujours en vigueur; une cour ecclésiastique existe et fonctionne et, outre ses attributions d'ordre purement religieux, elle en possède d'autres relatives aux affaires civiles.

Ces attributions sont contenues dans les anciens Canons et Constitutions ecclésiastiques de l'Ile de Jersey, réédités en 1909 (1). Nous avons constaté que, si l'Evêque anglican ne possède aucun droit et ne dispose en aucune manière des biens des intestats, du moins le Doyen de l'île en exerce un comme le dit l'article 26 *in fine*.

« Item, baillera Lettres d'Administration des « biens des intestats qui mourront sans hoirs de leur « chair, au prochain héritier. »

Pour bien comprendre le rapport qui existe entre cette institution et celle que nous venons d'étudier, il nous faut revenir quelques siècles en arrière, pour faire connaissance avec ces «lettres »dont les Evê-

(1) *The Canons and Constitutions ecclesiastical, for the Isle of Jersey*. Jersey, 1909 (réédition).

Nous sommes heureux de remercier ici le R. P. de Broglie, de la brochure qu'il nous a gracieusement offerte en vue de compléter nos études.

ques d'Angleterre ont fait usage à propos de leur droit.

L'ouvrage de MM. Pollock et Maitland nous renseignera à ce sujet (1); nous nous bornerons ici à un rapide résumé, ne pouvant étudier en détail les coutumes anglaises sans sortir des limites que nous nous sommes tracées.

Au XIIIᵉ siècle, en Angleterre, l'Ordinaire s'occupait des biens des intestats, mais, par suite des réclamations, sans doute répétées, des parents et amis du défunt, l'Evêque ne voulut plus faire lui-même la répartition de ces meubles, et dans beaucoup de cas, les proches étaient chargés de faire ce qu'ils pensaient valoir le mieux dans l'intérêt de l'âme du défunt. Cette façon d'agir expliquerait ainsi le rôle assez grand joué par les parents, sous la surveillance de l'Evêque, que nous avons constaté au chapitre Iᵉʳ à propos de la pétition des Barons au roi Jean sans Terre.

En 1357, nous racontent MM. Pollock et Maitland, un édit ordonnait que le travail d'administration fut remis au plus légitime héritier par l'Evêque ; et même avant cette époque, en 1313, le prélat de Durham fit mention dans une de ses ordonnances des « Lettres d'Administration » (2). Les parents

(1) Pollock et Maitland. *History of english law bevor the time of Edward I*. Tome II. Intestacy, p. 356 à 363.

(2) Pour plus de détails concernant les Lettres d'administration. cf. Blackstone. *Commentaires sur les Lois Anglaises*. Traduction Chompré, 6 vol. Paris, 1822. Tome III, p. 560 et suivantes.

étaient chargés de faire inventaire des biens, de désintéresser les créanciers, de faire au nom du mort des legs pieux, avec obligation de rendre compte ensuite à l'Officialité de tout ce qu'ils avaient cru devoir faire.

Ce système était donc tout différent du système normand ; la participation des parents était effective, l'Evêque donnait le droit d'agir et se réservait celui de contrôler.

A Jersey, les Constitutions de l'Eglise, modifiées et confirmées en 1623 par le roi Jacques Ier, se sont maintenues jusqu'à nos jours, conservant seulement au profit du Doyen de l'Ile ce qui était autrefois une des prérogatives des Evêques (compétence et contrôle). Il était intéressant de le constater ici.

Remarquons toutefois que l'étendue du droit du Doyen est assez restreinte ; il faut, dit l'article 26, que l'intestat « meurt sans hoir de sa chair », c'est-à-dire sans héritier direct. De plus, d'après une note du commentateur des canons (1), il est dit que la loi existante à Jersey, « le mort saisit le vif », laisse peu d'occasions pour l'exercice de cette partie de la juridiction du Doyen touchant les Lettres d'administration (2).

(1) *Canons and Constitutions*, p. 16, en note.

(2) Nous devons à l'obligeance du Rev. Samuel Falle, Doyen de Jersey, quelques renseignements qu'il nous a fait parvenir par l'intermédiaire de M. P. P. Guiton, greffier de la Cour ecclésiastique. Nous les en remercions ici très sincèrement.

D'après ces indications complémentaires, « le Doyen ne délivre

Enfin, il convient de spécifier que le but pieux et charitable est complètement passé sous silence; aucune allusion n'y est faite dans la « Lettre d'Administration ».

Il ne pouvait pas d'ailleurs en être autrement, puisque la religion anglicane n'admet point le dogme du purgatoire, et par conséquent ne juge pas qu'un individu puisse être justifié devant Dieu par la distribution après sa mort de tout ou partie de ses biens.

Et si, malgré tout, la compétence de ces affaires est dévolue à l'autorité religieuse, il ne faut voir là qu'une question de pure administration, une curieuse survivance des coutumes antiques dont le caractère essentiel a disparu depuis l'apparition du Protestantisme.

des Lettres d'administration que si le *de cujus* est mort intestat à Jersey, et que si celui-ci laisse des biens mobiliers en Angleterre. Ordinairement ces biens sont peu considérables; quand il s'agit de sommes importantes, les dépositaires exigent que les lettres soient obtenues d'une Cour anglaise « Probate Court ». Si ces biens mobiliers se trouvaient à Jersey, il ne serait pas nécessaire d'obtenir des Lettres d'administration car la maxime « le mort saisit le vif » s'appliquerait.

Ces lettres sont quelquefois demandées par les parents de personnes mortes en mer auxquelles il était dû des salaires par des armateurs anglais. »

Nous publions à la fin de cette étude un specimen des Lettres d'administration, accompagné de la traduction française.

Cf. Pièces justificatives. Nos 10 et 10 bis.

PIÈCES JUSTIFICATIVES

N° 1

Archives de la Seine-Inférieure

Registre 1 *de l'Echiquier de Normandie* f° 133

A touz ceus qui ces lettres verrent [et] ou orront, les maistres tenant l'esch[equi]er de Pasques, à Roen, l'an de grâce mil CCCxlij, salut. Savoir faisons que, endit esch[equi]er; oy Galeran de Vaulx, bailli de Roen, et gouverneur de la conté de Beaumont le Rog[ier] et des apparten[ances]; sur ce qu'il disoit que comme Guillaume Le Peletier, de la viconté d'Orbec, pour la grande doubte qu'il ot de ce qu'il avoit esté accusé devers le viconte d'Orbec d'avoir eu et atrait à soy un chatris gaif, qui estoit et appartenoit au roy nostre sire comme gaif; et de [ce] que il estoit venu à sa cognoissance que le dit viconte avoit sur ce faite informacion se fust désespéré, et que par despérance, se fust occis et geté en une mare; en laquèle il fu trouvé mort. Pour

quoy le dit viconte, sur ce enfourmé, fist prendre
par le sergent d'Orbec, en la main dudit seigneur,
touz les biens meubles qui furent audit Peletier,
comme confisquéz audit seigneur selonc la coustume
du païs. Et disoit que l'official de Lisièx avoit fait
admonester lesdiz viconfe et sergent pour li rendre
lesdiz biens, disant que eulx appartenoient à l'église
à cause de intestacion; parce qu'il disoit que l'en
avoit occis et murdri ledit Peletier, et que ce n'avoit
il pas il-meismes fait. Et sur ce, se estoit ledit
official efforcié, et encore se vouloit efforcier de
eulx traveillier et tenir en procès par devant li.
Et sur ce, ledit bailli avoit parlé audit official, à
Colart de Saint-Lor[ens), sén[eschal] de Lisiès,
et à monseigneur Raoul du Busc, procureur de
l'évesque de Lisiès; en eulz requérant que ledit
official se vousist déporter de procéder ou faire
procéder contre lesdiz viconte et sergent; sur ce
offrant leur à fère informacion à savoir [mon] se
le dit Peletier se estoit occis de soy meisme ou se
autre l'avoit occis et murdri; et en disant leur que
le dit sen[eschal) fust à fère la dicte informacion,
et ledit procureur aussi, pour veoir jurer les tes-
moings se il li plaisoit; et sur ce leur avoit assigné
certain jour à sa derr[aine] assise d'Orbec; auquel
euls, ne nul autre pour euls, ne furent ne ne com-
parurent; et nientmains il avoit faite la dicte informacion au miex que il avoit peu; et la avoit offerte
audit official, audit sen[eschal] et audit procureur

dudit évesque à la ouvrir et faire lire, et jug[ier]
pour eulz ou contre culz. Lesquiex li avoient res-
pondu que ce ne vouloient euls mie [leur] estre leur
fait, par ce qu'il n'avoient mie esté à la dicte informacion. Pour quoy il leur avoir assigné jour à cest
eschequier, non mie comme en eschiqueer, pour
avoir, sur ce, plus plain conseil; requérant que le
dit sen[eschal] et ledit Andry fussent appelléz, et
la dicte informacion leue en leur présence pour la
jug[ier] au proffit du roy nostre sire, si comme
à faire seroit de raison. Lesdiz sen[eschal] et le dit
prestre présenz et disanz : « que quant à ore euls se
taisoient, ne pour le dit évesque euls ne se vouloient
ne entendoient en aucune manère fonder sur ce ;
et que la court feist ce qu'elle verroit que bien
seroit ». La dicte informacion, apportée par ledit
bailli fu leue et dilig[enment) entendue. Et fu trouvé
par icelle que ledit Pelletier se estoit occis de soy
meisme, et que il n'i avoit riens du fait d'autry.
Et pour ce, fu dit et jugié par la court dudit eschequier les diz biens meubles dudit Peletier estre et
appartenir au roy nostre sire, à cause de confisca-
cion selon la coustume. Et fu commandé audit bailli
que il face bonne diligence de compter les diz biens
et de les rendre au roy en son prouchain compte.

N° 2

Bibliothèque du Chapitre de Bayeux
Livre Noir de l'Evêché de Bayeux

Rédigé sous l'épiscopat de Louis de Harcourt
2° tome. MS. lat. 207, f° 99 v°

Annotatio aliquorum casuum cernentium aucto-
ritatem et eminentiam Epicopalis Jurisdictionis
Baïocensis præsertim de tempore Domini Zanoni de
Castiliono, suo tempore episcopi bajocensis.

Anno Domini millesimo CCCC° XLVIII°, die
vero nona mensis Januarii, dictus vicarius judex
assumptus inter magistrum Guillermum de Castiliono, archidiaconum de Citradava, et magistrum
Nicolaum deductum, promotorem curie episco-
palis Baiocensis, super jurisdictione dicti archidia-
coni, cessante cursu visitationis tulit sententiam
suam diffinititam que in rem transiit judicatam;
per quam pronunciavit prefatum archidiaconum
non posse cognoscere de criminibus et delictis nisi
quando ad emendam pecuniarum agitur, nec de
atrocibus injuriis, nec de causis matrimonialibus,
beneficialibus juribus perpetuis et aliis majoribus,
nec concedere dispensationem bannorum compa-
trum, purificationum aut alias licentiam contra
statuta synodalia nec monitionem pro rebus per-
ditis, nec se intromittere de bonis intestatorum. Sicut
hec omnia apparent ex tenore sententie que est in
archivis domini.

N° 3

Archives Nationales, MM. 30, f° 42 v°

*(Registre des lettres passées aux chapitres de l'Ordre
de l'Hôpital de St-Jean de Jérusalem).*

A tous ceulx... etc. Frere Jehan Fouques, de
l'ordre de la sainte maison de saint Jehan de Jhe-
rusalem, commandeur de Breteville la Rabel et de
Beannet ou diocèse de Baieux, salut. Comme il
nous soit apparu, par lettres données par Robert
Vimont, lieutenant general du bailli de Caen, que
la maison qui fut Guillaume la Dauche, en la mon-
teur du chastel de Caen, laquelle nous estoit tenue
en quarante soulz ij chapons de rente par chacun
an avecques mortage, quant il chavoit, fut con-
dempnée a estre abatue par justice, laquelle le fut
de fait parce que elle estoit tournée en ruyne et
qu'elle decheroit, afin que elle ne portast dommaige
de mort ou autrement au[x] voisins d'emprès
et aux passans près d'icele, et que nous nous soions
deuement infourmés tant pour avoir veue ladite
maison ainsy abatue que par plusieurs de noz
hommes dignez de foy, et fut ce par nous examinez
diligemment; et nous avons trouvé par leur rapport
que, a cause de ce, [et que] nous ne autre pour cause
dudit mortaige et des rentes dont chargée en estoit
ne la voulloit recueillir, par quoy nous y pou-

vons perdre notre dicte rente et notre droit de
mortage se amendement n'y fust mis, et il soit
ainsy que Richart Osenne fust tourné par devers
nous et nous eust dit que il metroit la dicte maison en telle reparation et estat, si nous voulions
quitter ladicte maison dudit mortaige, que notre
dicte rente y seroit et demouroit sauve, et la
nous feroit, lui et ses hoirs, sur la dicte maison,
et par dessus notre dicte rente, feroit, pour le dit
mortage, une livre de cire sur la dicte maison par
chacun an au terme de la saint Jehan Baptiste,
par lui, ses hoirs ou aians cause, à la dicte religion ;
et nous requist que a ce le voulsissions recevoir.
Pour quoy, nous, consideré la dicte requeste, la
destancion de la dicte maison, le fait et la charge des
rentes dont chargiée estoit et aussi que ou temps
passé aucun ne osoit demourer en icelle maison ne
y habiter pour cause du mortage, ne que nul autre
ne la voulloit recueillir ne mettre y amendement,
et ensement que nous avons trouvé, par l'advis,
conseil et deliberacion de plusieurs de nos frères et
par la dicte informacion, que ce seroit le prouffit et
utilité de la dicte religion que la dicte maison feust
franchie dudit mortaige envers ladicte religion
et refette, afin que notre dicte rente y pueust
demorer sauve et que nous y prenssissions par dessus la dicte livre de cire par chacun an pour ledit
mortage tant seulement, de l'accord et consentement de noz diz freres pour nouz et pour noz suc-

cesseurs, et ou nom de ladicte religion, afin que
la dicte maison fust et soit refette et pour sauver
notre dicte rente et que par dessus ce la dicte religion ait et prengne en ladicte maison par chacun
an avenir une livre de cire pour ledit mortage,
avons franchi, exempté et quictié la dicte maison
le dit Richart, ses hoirs et aians cause, de tout mortage ; franchissons, quittons et exemptons perpetuel-
ment et à tousjours ; mais par ces présentes et touz
ceulx qui doresenavant trespasseront en ladicte
maison dont mortaige pourroit estre demandé à
cause de ladicte religion pour le temps advenir pour
avoir de cy en avant en ladicte maison ladicte livre
de cire par chacun an pour ledit mortaige de notre
dicte rente comme par avant tant seulement, sauf
tant que toutes fois que aucuns des habitans qui
demourent en ladicte maison y mourront intestez,
l'amende, prouffit et punicion nous demeure et
appartiengne. Et aussi que ledit Richart et ses
hoirs et successeurs ne puissent ou doivent la dicte
maison changier de plus grave charge ou rente
sans le congié ou licence especial de monseigneur le
prieur de France, comme au cas appartient. En
tesmoing de ce, nous avons fait sceller ces lettres de
notre propre scel. Ce fu fait le xxvij^e jour de Juillet,
l'an de grâce mil ccclxxvj.

N° 4

Archives de l'Eure
Cartulaire de l'Evêché d'Evreux
G. 6. N° 174, f° 60.

Littere majoris de Vernolio super contentionem intestatorum.

Omnibus hæc visuris, major et communia ville Vernolii, Ebroicensis diocesis salutem in Domino sempiternam. Cum olim orta esset discencionis materia inter nos ex una parte et Reverendum Patrem Philippum, Dei gratia Ebroicensem episcopum, ex altera, super eo quod dictus Pater dicebat bona eorum mobiliaque de municipio Vernolii utriusque sexus, in quibus esset de jure completa etas legitima ad factionem testamenti, decederent intestati, sancto et ecclesie Ebroicensis debere prorsus applicari, seu cum omni integritate devenire, et ipse inde ordinaret prout secundum Deum expedire videret, nobis ex adverso asserentibus hæc fieri non debere, et talem invaluisse consuetudinem in municipio Vernolii ab eo tempore a quo non extat memoria, quod nullus de municipio Vernolii hæc, aut hanc faciendi testamentum liberam facultatem, nec reputatus ydoneus ad hæc, antequam etatis sue vicesimum primum annum integrali compleverit. Et si quis utriusque sexus infra dictam etatem decesserit, absque factione testamenti, nulla

tenus reputatus (?) intestatus. Habita super hæc
altercacione, inter ipsum episcopum et predecessores suos, et nos post diversos tractatus habitos nobis-
cum dicta discencio de consensu nostri communi et
episcopi memorati, de assensu etiam et voluntate
decani et capituli Ebroicensis conquievit sub forma
inferius annotata. Itaque, si quis cujuscumque sexus
de municipio seu villa Vernolii, infra completum sex-
decimum annum etatis sue moriatur, nulla tenus
reputabitur intestatus. Etiam si non condiderit testamentum, nec de bonis ipsius, etiam si ea nomine
suo possideat, aut alius pro eodem, nichil (*sic*) inde
episcopus predictus aut qui pro tempore fuerint
Ebroicenses episcopi, poterunt reclamare aut jus
aliquod vendicare. Si vero aliquis de municipio
Vernolii, utriusque sexus annum sextum decimum
etatis sue compleverit, et decimum septimum attige-
rit, decedatque sine factione testamenti, bona illius
mobilia, dicto episcopo et eis qui pro tempore fuerint Episcopi Ebroicenses applicabuntur et cum
omni integritate devenient, ad eos et inde pro
libito sue voluntatis poterunt ordinare, absque
ulla nostri contradictione. Et ut presens ordinacio,
robur obtineat perpetue firmitatis, presenti scripto
Sigillum nostrúm duximus apponendum.

Datum mense Julii, anno Domini Millesimo
Ducentesimo octogesimo.

N° 5

Archives de la Seine-Inférieure
Liasse G. 279

Le Compte de Messire Tho-
mas de Bourg prestre maistre
des testas et Intestas de la
recepte et dépence faite par lui
a cause de son office, depuis le
XXIIIe jour d'oct. fete Saint
Romain, l'an mil quatre cens et
huis qu'il fut institué au dit
office jusques a la vigile Saint
Michel l'an mil quatre cens et
neuf, iceulx jours exclus.

        Et premièrement
    Recepte
Des testamens par lui receuz
a plusieurs jours et de plusieurs
personnes nommées et desclarées
en un papier cy veu au long et
rendu sur ce, compte pour tout le
temps dessus dit.   III^c IIII^l XVI^s IX ^d

  Autre recepte des Intestats
Des inventaires des Intestas
faites durant le temps de ce
compte le dit messire Thomas
n'en monstre ne ensaigne cy
aucune chose pour ce qu'il dit
qu'aucune escripture n'y a esté

sur ce faite, mais a afermé par
serment qu'il les a distribués bien
et deument ainsi qu'il est acoustumé et que raison le donne.

Despence de ce compte

A maistre Jehan Alcspéc trésorier de monseigneur en plusieurs parties escriptes ou papier
rendu en la recepte cy devant
ou qu'il chacune partie est signée
du signe manuel dudit trésorier
pour tout le temps de ce compte.   IIIᶜ IIIIˣˣ IXˡ XVIˢ IX ᵈ

LE COMPTE DE MESSIRE THO-
MAS de Bourg prestre maistre des
testas et intestas de la recepte
et despence faite par lui à cause
de son office depuis la feste Saint
Michel mil IIIIᶜ et IX jusqu'à la
vegile Saint Michel, l'an mil IIIIᶜ
et X iceluy non inclus.

Et premièrement

Recepte

Des testamens par lui receuz à
plusieurs jours et de plusieurs
personnes nommées et desclarées en un pappier cy veu au long
et rendu sur ce, compte pour tout
le temps dessus dit.   VIIᶜ   XXV ˡ   X ᵈ

Autre recepte des Intestas

Des inventaires des intestas

faits durant le temps de ce compte le dit messire Thomas n'en monstre ne ensaigne cy aucune chose pour ce qu'il dit qu'aucune escripture n'y a esté faite mais a affermé par serment qu'il les a distribués bien et deuement et que raison le donne.

Despence de ce compte

Maistre Jehan à l'Espée trésorier de monseigneur en plusieurs parties escriptes ou papiers rendu en la recepte cy devant, au quel chacune partie est signée du signe manuel du dit trésorier pour tout le temps de ce compte.   VII^c XXVII^l X^d

LE COMPTE DE MESSIRE THOMAS de Bourg prestre maître des testas et intestas, de la recepte et despence faite par lui à cause de son office depuis le jour de la Saint Michel l'an mil IIII^c dix jusques à la feste Saint Michel l'an mil IIII^c et XI iceulx jours exclus.

Et premièrement

Recepte.

Des testamens par lui receus de plusieurs jours et de plusieurs personnes nommées et desclarées en un papier cy veu au long et

rendu sur ce compte pour tout
le temps dessus dit.

Autre recepte des intestas

Des inventaires des Intestas
faits durant le temps de ce
compte, le dit messir Thomas
n'en monstre ne ensaigne cy
aucune chose pour ce qu'il dit
qu'aucune escripture ne a esté
sur ce faite mais a afermé par
serment que il les a distribués
bien et deument ainsi qu'il est
acoustumé et que raison donne.

Despence de ce compte

Et premièrement

A maistre Jehan à l'Espée
trésorier de mondit seigneur en
plusieurs parties escripte ou papier rendu en la recepte cy devant
auquel chacune partie est signé
de son signe manuel pour tout
le temps de ce compte.

IIIIc IIIIxx XVl XIIs XId

IIIIe IIIIxx XVl XIIs XId

LE COMPTE DE MESSIRE THO-
MAS DE Bourg prestre maistre des
testas et intestas de la recepte et
despence faite par lui à cause de
son office depuis le jour Saint
Michel, l'an mil quatre cens et
onze jusques à la Saint Michel

8

en l'an mil quatre cens et XII
iceulx jours exclus.

Et premièrement

Recepte

Des testamens par lui receus
a plusieurs jours et de plusieurs
personnes nommées et desclarées
en un papier cy veu au long et
rendu sur ce compte pour tout
le temps dessus dit.   Vᶜ   LXXˡ XIIIIˢ VII ᵈ

Autre recepte des Intestas

Des inventaires des intestas
faites durant le temps de ce
compte le dit messir Thomas
n'en monstre ne enseigne cy
aucune chose pour ce qu'il dit
que aucune escripture ny a esté
sur ce faite, mais a afermé par
serment qu'il les a distribués
bien et deument ainsi qu'il est
acoustumé et que raison le donne

Despence de ce compte

A maistre Jehan à l'Espée
trésorier de monseigneur, en plusieurs parties ou papier rendu
en la recepte cy devant auquel
chacune partie est signée du
signe manuel du dit trésorier
pour tout le temps de ce compte.   Vᶜ   LXXˡ XIIIIˢ VII ᵈ

LE COMPTE de Messire Tho-
mas du Bourg prestre maistre des

testas et intestas de la recepte et
despence faite par lui à cause de
son office depuis la feste Saint
Michel l'an mil IIII⁰ et douze
jusqu'à la feste Saint Michel mil
IIII⁰ et XIII, icelluy an inclus.

     Et premièrement

  Recepte

Des testamens par lui receuz
a plusieurs jours et de plusieurs
personnes nommées et desclarées
en un papier cy veu au long et
rendu sur ce compte pour tout
le temps dessus dit.

  Autre recepte des Intestas

Des inventaires des intestas
faits durant le temps de ce
compte le dit messire Thomas
n'en monstre ne enseigne cy
aucune chose pour ce qu'il dit
que aucune escripture ne a esté sur
ce faite, mais a affermé par serment qu'il les a distribués bien
et deument ainsi qu'il est acoustumé et que raison le donne.

  Despence de ce compte

A maistre Jehan a l'Espée trésorier de monseigneur en plusieurs parties escriptes ou papier
rendu en la recepte cy devant
auquel chacune partie est signée

VII⁰ LXIII¹ VIII⁵ IX ᵈ

du signe manuel dudit trésorier
pour tout le temps de ce compte.　　VII^c LXII^l VIII^s IX^d

LE COMPTE DE MESSIRE THO-
MAS de Bourg prestre, maistre
des testas et intestas pour un an
commenchant le jour de Saint
Michel l'an mil IIIIe et XIII et
finant le dit jour Saint Michel
mil IIIIe et XIIII exclus.

　　　　　Et premièrement
　　Recepte
Des testamens par lui recus, les
parties desclarées au long en un
papier cy veu et rendu pour tout
le dit an.　　　　VII^c LIII^l XVIII^s VIII^d

　　Autre recepte des Intestas
　　　pour le temps de ce compte
D'une inventaire faite par Guillaume le Senechal, sergent de la
Court de Rouen le VI jour d'octo-
bre IIIIe et XIIII des biens de feu
Guillaume Poullain de la paroisse
Saint Elloy de Rouen vendus et
mis à deniers comme appert par
le roulle de la dite inventaire cy
rendu montans.　　　XV^l VIII^s IX^d

　D'une autre inventaire faite le
IX jour d'octobre IIIIe et XIII
par Simon Davy clerc dudit maistre des Intestas des biens de feu

Robert Mordent, de la paroisse
Saint Vivien, les parties escriptes
en un roulle cy rendu, iceulx
biens mis a deniers montans

XXVIII s

D'une autre inventaire faite
le XVe jour d'octobre IIIIc et
XIII par Guillaume le Sénéchal
des biens de feu maistre Pierre
de Valetot de la paroisse de Saint
Vivien les parties escriptes en
un roulle cy rendu, vendus et mis
a deniers comme desclaré est au
dit roulle pour ce.

XIl Vs Id

D'une autre inventaire faite le
VI jour de février IIIIc et XIII
par Simon Davy des biens de feu
messire Jehan Preudonné de la
paroisse de Saint Nicolas le Pain-
teur les parties escriptes en un
roulle cy rendu, vendues et mis
a deniers comme audit roulle est
desclaré montant.

XXIIl VIs XI d

D'une autre inventaire faite le
XXI jour d'avril IIIIc et XIIII
par Simon Davy des biens de
feu Isambart Blanchouilly de la
paroisse Saint Andrieu de la porte
aux feuves de laquelle les parties
furent mises a deniers comme
appert par le roulle cy rendu.

VIIl l XI d

D'une autre inventaire faite le

XIIIe jour de juin IIIIc et XIIII
des biens de feu Raoul Costard
de la paroisse de Saint Lo par
Denisot du Val, sergent de la
Court, icelle veue et rendue sur
ce compte et delaquelle par l'ordonnance de monsieur l'Official
iceulx biens furent vendus et
mis a deniers qui montent en
somme   XIV l IX s V d

D'une autre inventaire faite
le XXIII jour de juin IIIIc et
XIIII des biens de feu Robin le
Poissonnier les parties escriptes
au roulle cy rendu montant 16
sols 17 d. — Néant pour ce que
tout fut emploié en son enterage.

D'une autre inventaire faite
le IIIIe jour de juillet IIIIc et
XIIII par Guillaume le Sénéchal
des biens de feue Jehanne Debailli
de la paroisse Saint Andrieu de
la porte au Feuves les parties
escriptes en un roulle cy rendu,
vendus et mis a deniers comme
appert par icelluy Roulle mon-
tant.   VI l IX s VIII d

D'une autre inventaire faite le
XXVIIe jour d'aoust IIIIc et
XIIII par Guiot Lataille des
biens de feu Thibault Dedun les

parties escriptes en un roulle cy
rendu qui furent vendus XXVIII
sols. Néant cy pour ce que tout
fut emploié en son enterage.

Somme IIII^{xx} IIII^l VIII^s IX^d

· Sommes toute de la recepte de
ce compte
VIII^c XXXVIII^l VII^s V^d tournois

DESPENCE DE CE COMPTE
Et premièrement
A maistre Jehan a l'Espée trésorier de monseigneur en plusieurs parties escriptes ou papier
rendu en la recepte cy devant
auquel chacune partie est signée
du signe manuel du dit trésorier
pour ce   VII^c LIII^l XVIII^s VIII^d

Autre despence
Des deniers receuz de la vendi-
tion des biens de Guillaume Poullain comme en la recepte de ce
compte est plus a plain desclaré
fut emploié pour l'enterrement
et autres mises faites par le dit
maistre des Intestas, les parties
desclarées au roulle en la recepte
cy devant.   IX^l V^s XI^d

Item fu paié par l'ordonnance
du juge a deux crediteurs comme

appert par leur quittance cy
rendu
VI ^l II ^s VI ^d

Item d'une autre inventaire
faite des biens de feu Robert
Mordent lest emploié comme
appert par le roulle cy rendu en
la recepte cy devant
XXVIII ^s

Item d'un autre inventaire
faite des biens de feu Me Pierre
de Valetot dont en la recepte est
faite mention fut emploié pour
son enterrement et autres missions à cause de ce les parties
escriptes audit roulle.
LVI ^s IIII ^d

Item a plusieurs personnes
créditeurs connue appert par une
quittance cy rendue.
VIII ^l IX ^s I ^d

D'une autre inventaire faite
des biens de feu messire Jehan
Preudonné dont en la recepte est
faite mention a esté emploié pour
son enterrement et aulx missions
faites à cause de ce
IIII ^l XIIII ^s

Item fut baillé a maistre Jehan
a l'Espée trésorier sur ce que le
dit defunct devait audit trésorier
tant à cause du depport de l'église
de Saint Gilles de la Neufville au
doyenné de Saint Romain, comme
sur plusieurs sommes qu'il devait
du temps passé comme appert

par quittance dudit trésorier cy
rendu.

                XVII ^{l} XII ^{s} XI ^{d}

D'une autre inventaire faite
des biens de feu Isambart Blanc-
bouilly plus a plain desclarée au
roulle rendu sur la recepte cy
devant fut emploié pour l'enterrement du dit defunt et autre
mises faites a cause de ce

                LXIIII ^{s} IIII ^{d}

Item a plusieurs créditeurs
declarés au dit roulle et comme
il appert par deux quittances cy
rendues

                IIII ^{l} XVI ^{s} VII ^{d}

D'une autre inventaire faite
des biens de feu Raoul Costard
dont en la recepte est faite mention fut emploié tant pour son
enterrement comme pour son
obsèque, les parties déclarées au
roulle rendu en la recepte cy
devant.

                VI ^{l} XVI ^{s}

Item fut emploiés semblable-
ment pour un service luminaire
et messe pour le salut de l'âme du
trépassé comme appert par une
certification de Guillaume le Cras
nottaire de la court, cy rendu.

                ....(illisible).

D'une autre inventaire faite
des biens de feue Jehanne
Debailli les parties escriptes au
roulle rendu en la recepte cy

devant fut emploié pour son enterage et autres missions. LVIII s II d

Item fut baillé à Godeffroy du Reaume auquel ladite Jehanne estoit tenue par obligation. LXII s VI d

S. IIIIxx Iˡ XVˢ IIIIᵈ

Somme toute de la despence de ce compte

VIIIᶜ XXXVˡ XIIIIˢ tournois

Et la recepte est comme dessus

Doit LIIIˢ Vᵈ tournois

Laquelle somme de LIIIˢ Vᵈ t. fut laissée au dit messire Thomas tant pour parchemin a faire et doubles ces présents comptes qui sont pour VI années entières finies à la Saint Michel l'an mil IIIIᶜ et XIIII et escrire iceulx comme pour sa despence et de ses chevaux qui furent logiés en hostellerie.

De Vendere   Lepoulailler

Ces VI comptes cy devant escriptes furent remis et clos à Louviers les XVIᵉ, XVIIᵉ et XVIIIᵉ jours de décembre l'an mil IIIIᶜ et XIIII par Mᶜ N. De Vendere... et par Lepoulailler.

N° 6

Archives de la Seine-Inférieure

G. 1195

L'an de grace mil quatre cens XXVIII, le jeudi,
heure de prime, XXIIIᵉ jour de decembre, l'assise
de Rouen seant devant nous Pierre Poolin, lieutenant general de noble homme monseigneur Jehan
Salvain, chevalier, bailli de Rouen et de Gisors;
après ce que Thomas Moyl, angloys, avoué et procureur de Guillaume Moyl, angloys marchand,
demourant en Angleterre et soy disant son nexveu,
oult dit qu'il estoit vray que naguères feu Jehan de
Bellemare, angloys, qui naguères estoit allé de vie
à trespassement es parties de pardeça, estoit facteur et entremecteur dudit Guillaume Moyl et que
au temps qu'il alla de vie a trespassement, il estoit
saisi de plusieurs biens, marchandises tant de draps
que autres choses appartenans au dit Guillaume
Moyl, après la mort duquel Bellemare, lesdits biens
avoient esté mis en arrest en la main du Roy nostre
Sire, à la conservacion des héritiers et ayant cause
du dit Moyl ou de qui il appartendroit; et aussy
s'estoit opposé à la delivrance desdits biens le
maistre des Intestas de la Cour espirituelle à Rouen
pourcequ'il disoit que ledit feu Bellemare, qui estoit
nommé saisi et possesseur desdits biens, estoit mort

intestat; pour laquelle cause, le dit Thomas Moyl,
en nom que dit est avoit fait certains enseignemens
que le dit Bellemare estoit facteur dudit Guillaume
Moyl, et que les biens et marchandises dont s'en-
tremectoit ledit feu Bellemare appartenoit audit
Guillaume Moyl et que certains [enseignements]
que portoit le dit Thomas Moyl estoit le propre
fait dudit Guillaume Moyl; et que icelluy Thomas
Moyl, en nom que dit est, nous oult requis en la pre-
sence du procureur du Roy nostre syre, que la main
de justice qui mise avoit esté es diz biens fust levée, et
iceulx lui estre baillés et delivrés, et de Maistre
Martin Loison procureur de Monseigneur l'Archevesque de Rouen, se icelluy procureur dudit archevesque ne voulloit deffendre ou dire cause pourquoy
faire ne se deubst; et que icelluy procureur dudit
Archevesque oult dit que par la coustume du pais
les chastieux aux mors la congnoissance et disposicion en appartient à la court de l'Eglise ; mais
disoit qu'il ne s'en devoit mectre en procès en
ceste court et se le dit Moyl voulloit informer les
officiers dudit archevesque que les diz biens fussent et appartenissent au dit Moyl, et non pas
audit Bellemare, bien feist son informacion devans
lesdiz gens de l'église et ils ouroit baillé et
[baillé fait] expedicion, et en d'autre part non
voulloit demourer en ceste court ; et que ledit
procureur du Roy, oult dit que actendu que le dit
procureur dudit archevesque ne voulloit autrement

prendre deffence que la jurisdicion du descord desdits biens en appartenissent aus diz gens d'Eglise,
il ne voulloit ne n'estoit tenu souffrir que lesdiz
biens qui mis avoient esté en arrest, fussent baillés
ne delivrez aux diz gens de l'Eglise, et mesmes que
ledit procureur du Roy oult dit que, actendu l'en-
seignement que ledit Thomas Moyl avoit fait, que
lesdiz biens appartenoient à icelluy Guillaume
Moyl, il ne mectoit nul débat que les dits biens ne
fussent baillés et delivrés audit Thomas Moyl, en
nom de son dit maistre. Et pour ce, bon le consentement dudit procureur du Roy et ce qui fait et dit
estoit pour ceste matière nous levasmes et levons la
main de justice qui mise avoit esté sur iceulx biens
à la conservacion du droict de qui il appartiendroit
que dit est. Moyennant que le dit Thomas Moyl
baille [roit] cauxion de deliv... justice vers tous ceulx
que iceulx draps..., et autre chose... vouldroient...
estre leurs, ou sur iceulx aucune chose demander;
et pour ce, fust donné mandement à Jehan Maillart,
sergent à mace du Roy nostre sire à Rouen que
quant le dit arrest avoit fait, que par [avant] la
dite cauxion fust levée la main de justice, et laisse
joir le dit Thomas. Donné comme dessus.

Dubust.

N° 7

Archives de la Seine-Inférieure

G. 1195

Henry, par la Grace de Dieu, roy de France et Angleterre, aux vicontes de Rouen et de l'Eaue dudit lieu ou a leurs lieuxtenans salut. Reçus avons la complainte de notre amé et feal conseiller le cardinal arcevesque de Rouen, contenans que jasoit ce que selon droit et raison et par la coustume de nostre pays de Normendie, escripte ou livre coutumier dudit pays, il appartiengne au prélat diocésain de ordonner et distribuer les chastieux aux trespassés en son diocèse, et se aucun trespasse sanz faire testament, la congnoissance, jurisdiction et distribucion de ses biens meubles appartiengne à l'Eglise pour faire paier ses debtes, se tant pevent valoir iceulx biens, et le surplus pour employer en prières et aumosnes pour le salut de son âme. Et ainsi a esté et est usé et gardé notoirement et publiquement de tel et si long temps qu'il n'est mémoire du contraire. Et il soit ainsi que un marchand anglois et nommé Jouen de Bellemare, qui souvent estoit et repairoit au dit lieu de Rouen, et y avoit certains draps et autres biens meubles, ayant nagaires esté tué et murdry par brigans ou larrons, environ les parties d'An-

deli, comme l'en dit, eust certains meubles en
icelle ville, au temps de son trespas ; et ce venu à la
congnoissance de celui que l'on nomme le maistre
des Testas et Intestas, en la court de l'Eglise du
dit lieu de Rouen, pour (?) nostre dit conseiller
feust alé ou envoié au lieu ou estoient lesdiz biens
pour les inventorier et faire son devoir, ainsi qu'il
a esté acoustumé, et avoir trouvé que par avant nostre bailli de Rouen avoit fait arrêster ou sceller
icculx biens, et mesme en avoit fait transporter
hors de la place ou ils estoient, pourquoy icelluy
maistre des Intestas n'y eust pas voulu toucher
jusques à ce que sur ce, eust esté parlé avec nostre
dit bailli, auquel les officiers de nostre dit conseiller
eussent déclairié la dite Coustume estre telle comme
dit est et le droit et possession de l'Eglise, en lui
requerant tou instamment (?) que dudit arrest et
empeschement que avoit mis nostre dit bailli en
iceulx biens, il voulsit lever la main et laisser nostre dit conseiller joir de son droit ainsi que il avoit
acoustumé, et que par ladite Coutume du pais estoit
déclairié ; lequel ne l'eust pas voulu faire mais en
eust esté refusant ou delaiant. Et qui plus est
Pierre Poolin, lieutenant dudit bailli, soit de son
office ou à la requeste, pourchas, proufit ou instance
de Maistre Robert de Croismare, nostre procureur
audit baillage de... et de Thomas Moyl, anglais,
soy portant procureur de Guillaume Moyl, son
oncle, ou de l'un d'eulx, a nagaires delivré ou

fait delivrer audit Thomas Moyl, ou nom que dessus
lesdiz draps sans le consentement ne accord de nostre dit consciller, ne dudit maistre des testamens
de sa dite court de l'Eglise, combien que nagaires,
et [en] une journée passée, lesdictes parties com-
parans pardevans ledit lieutenant, de la partie de
nostre dit consciller, par son sénéchal ou procureur,
eust esté offert audit Thomas Moyl, ou nom que
dessus, que sommièrement et de plain et sanz
procès, il informast ledit maistre des testamens, lesdiz draps appartenir à son dit maistre, et dedans
iceluy jour l'en lui delivreroit et consenteroit la
delivrance d'icculx biens sanz delay et sans lui
donner aucun empeschement. En quoy et en plusieurs autres voies et manières à déclairié plus à
plain en temps et lieu le dit lieutenant a fait tors et
griefs a nostre dit conseiller ou son procureur, des-
quelx tors et griefs il ne lui loist [loisible] a appeler
selon ladite coustume, mais en doit avoir a nous
recours par manière de complainte ou doléance, et
nous lui devons sur ce pourveoir de remède conve-
nable, comme il dit requerant humblement iceluy.
Pourquoy nous, ce considéré vous mandons et
commectons et a chacun de vous premier sur ce
requiz, que caucion soufisant prise et receue de
nostre dit conseiller ou son procureur pour luy de
sa dite complainte ou doléance poursuir et paier le
jugié et amende, se mestier est. Il en enchiet vous
adjourner ou faire adjourner bien et deuement nos-

tre dit bailli ou son dit lieutenant a nostre prochain
eschiquier ordinaire de Normendie, pour soustenir et
défendre les choses dessus dites veoir, reparer les
diz tors et griefs, et iceulx mectre au néant se par
raison et la dicte coustume... respondre et procéder en oultre selon raison en intimant et faisant
savoir à nostredit procureur et... dudit Moyl qu'il
soient audit Eschiquier, s'ilz cuident que bon soit,
et que la chose leur touche ou appartiengne en
aucune manière. Et parmi...[tenez et mectez et
faire] tenir et mectre les choses contentieuses et
descordables au point et estat qu'ilz estoient au
temps que lesdiz tors et griefs... sans souffrir que
pendant ladite complainte ou doléance... ou
prejudice d'icelle ne dudit compte... aucune chose
soit... de quelque manière que ce soit, mais tout·
ce qui soit fait, actempté ou innové ou tout autre,
ramener [et remectez] ou faictes... faire au premier estat et deu desdiz adjournement intimacion,
et de tout ce que fait aura [esté a] ceste partie...
genz qui tendront nostre dit prochain Eschiquier,
ausquels nous mandons que... Donné à... le vingt
et deux^{eme} jour de janvier, l'an de grace mil cccc
vint huit... soubz nostre scel ordonné...

Par le Conseil.

Néelle.

N° 8

Archives de la Seine-Inférieure

G. 1094

Donné par coppie soubz le scel et signe manuel de moy Jehan Maillart sergent à mace du Roy nostre syre, à Rouen le [ ] jour d'octobre, l'an de grace mil quatrecens et trente ce qui en suit : Laurens Guedon, lieutenant général de noble homme monsieur Raoul Bouteiller, chevalier, bailli de Rouen, au sergent ou sous sergent à mace du dit lieu de Rouen salut. De la partie de maistre Robert de Crois-mare, licencié en loys, et procureur du Roy nostre syre en dit bailliage de Rouen, nous a esté donné à entendre, comme selon raison et la coustume du pays de Normendie; au Roy nostre dit syre ou à ses gens et officiers, pour lui ou court séculière, appartient la court, jurisdiction, et congnoissance de toutes les actions réelles et qui naissent à cause d'aucunes successions venues à aucune personne de leurs predecesseurs, venans et dépendans ou touchans personnes layes en son pays et duchié de Normendie. Et en espécial, quant icelles successions viennent de meuble et héritage ensemble, et en pevent congnoistre et determiner des questions qui en sortissent, et mesme faire les inventoires, ou faire faire d'icculx biens et héritages, quant

requis en sont, par personnes ad ce recevables. Et
de ce est icellui seigneur, ses gens et officiers en
bonne saisine et possession par tel, et si longtemps
qu'il n'est memoire du contraire, et qu'il suffit et
doit suffire pour bonne possession avoir et retenir.
Ce non obstant, l'Official ou promoteur de l'Arce-
veschié de Rouen, à présent estant en régalle, se
sont naguaires efforchés et entremis, s'efforcent et
entremettent de leur auctorité et contre raison, de
tenir en présence Jehan Nicolle, personne laye,
vivant ruralement et de mestier mécanyque, aisné
filz et héritier de feu Drouet Nicolle, en son vivant
personne laye, se pour héritier s'en fust voulu porter,
soubz umbre de ce qu'ilz dient ou veullent dire que
le dit Jehan Nicole, qui ne s'est pas voulu porter
absollutement héritier de son dit feu père, ne recueillir les biens et heritages par lui délaissez après sa
mort sans beneffice d'inventoire, pour doubte d'aucunes personnes auxqueulx le dit feu Nicole estoit
obligié en plusieurs sommes de deniers comme
l'en dit, lesqueulx luy eussent peu demander tout
ce qui leur peult estre deu, qui se fust monter ou
peu monter a plus trois ou quatre fois que iceulx
biens et héritages ne vallent ou pevent valloir,
lequel beneffice d'inventoire, le dit Jehan Nicole
a fait faire par les gens et officiers du Roy nostre dit
seigneur par devant eulx afin que par paiant les
pris a quoy iceulx biens et héritages ont esté appre-
sagiez, il soit quite et demeure deschargié envers

lesdiz debteurs si comme par la coustume du pays
estre le doit. Delaquelle appressiacion lesdiz official
ou promoteur ou le maistre des Intestas de la court
espirituelle du dit lieu de Rouen dient et veullent
dire que la congnoissance leur appartient, et doit
estre faicte par eulx et leur justice ou les officiers
d'icelle, lesquelles choses sont et plus pourroient
estre en préjudice du Roy nostre dit seigneur, et
de la justice et jurisdiction comme dit le dit
procureur du Roy nostre dit seigneur, se sur
ce ne lui estoit pourveu par brief de fié lay ou
d'omosne, lequel brief de fié lay ou d'omosne entre-
tenant ce que autreffois a dit et fait en ceste partie,
ledit procureur du Roy, nous a requis lequel nous
lui avons octroyé contenant ceste forme : Sergent,
a la resqueste de Maistre Robert de Croismare, licencié en loys, procureur du Roy nostre Sire, en bailliage de Rouen, porteur de cest brief de fié lay ou
d'omosne à l'encontre de l'Official ou promotteur
de la cour espirituelle de Rouen et du Maistre des
Intestas d'icelle court en tant comme chacun d'eulx
s'en vouldra faire partie se de ce il te requiert,
semong le recongnoissant du visné ad ce qu'il soit
aux prochaines assises de la baillie pour recong-
noistre et savoir mon la jurisdiction congnoissance
et disposicion des successions qui eschéent à aucunes
personnes layes, gens de mestier mécanyque et
vivant ruralement par espécial, quant icelles successions sont de meuble et d'héritage ensemble,

duquel meuble et héritage aucun ne se veult porter pour héritier absolutement pour doubte d'in-
convénient. Appartient au Roy nostre dit seigneur ses gens et officiers ou court temporelle par
faisans paier.... ou laissant prendre et avoir sur
iceulx meubles les lays par les trespassés fais, selon
leur testament, et se les officiers du Roy, nostre dit
seigneur, ou sa jurisdiction temporelle en peuvent
et doivent faire les inventoires et appréciacions,
quant ils en sont requis par aucun à qui il appartient
ou se la jurisdiction disposition et inventoire d'iceulx
biens et héritages ainsi venus ensemble et demourés par le trespassement d'aucunes personnes layes
vivant en leur temps ruralment, oultre les laiz
par eulz fais par leur testament appartient aux
gens et officiers de la court espirituelle, faiz de
cela veue et tient la chose en paix ; pourquoy nous
vous mandons et se mestier est, commettons à la
requeste dudit maistre Robert de Croismare ou
nom que dessus que vous adiournés... bien et
deuement lesdis official promoteur et maistre des
Intestas et chacun d'eulx en tant que requis en
seroit et que parties s'en vouldront faire ad ce
qu'ilz soient à la prochaine assise du dit lieu de
Rouen pour respondre audit procureur du Roy
sur le contenu en dit brief ses circonstances et
deppendances ainsi qu'il appartendra ; en deffen-
dant auxdiz official, promoteur et maistre des Intestas que plus dudit cas et eschance de biens meubles

et heritage demourés de la succession du dit feu Drouet Nicolle, oultre ce qu'il en prist en son testament et derraine.... volenté des circonstances et deppendances de ce, plus court jurisdiction ou congnoissance ne tiennent jusques ad ce que la question dudit brief ait pris fin. Sur telle peine comme au cas appartient en certifiant suffisamment mon dit sieur le bailli ou son lieutenant de tout ce que fait en sera affin deue. Donné à Rouen soubz nostre scel dont nous usons audit office de lieutenant. L'an de grâce mil quatre cens et trente le vij jour d'ottobre ainsi signé : Dubust.

Collation faicte.

Maillart.

N° 9

Archives Nationales

X¹ᵃ 16, f⁰ 390 r⁰.

Arrêt du Parlement de Paris

N⁰ 33 de la Session qui commença le 3 Février 1356

(= 1357, *nouv. style)*

[Nota bene de testamentis]

Notum facimus quod ex parte procuratoris nostri generalis fuit in curia nostra propositum contra dilectum et fidelem nostrum episcopum Belvacensem quod prepositus noster aut procurator in baillivia Silvanectensi fecerat ad judicium evocari quemdam decanum christianitatis aut curatum Belvacensis diocesis, super eo quod idem decanus aut curatus, sub umbra dicti episcopi, ceperat aut sibi attribuere nisus fuerat bona mobilia cujusdam persone defuncte, pro eo quod ipsam dicebat intestatam decessisse; et, quia dictus episcopus dictum factum advoaverat, fuerat causa ad parlamentum remissa, pro eo quod idem episcopus, qui est par Francie, non tenetur invitus extra parlamentum litigare; dicebatque et proponebat idem procurator noster generalis quod in hoc fuerat et erat usurpatio et abusus notorie et manifeste, et pro nullo reputari seu annullari debebat, et dictus episcopus

ob hoc nobis emendam facere tenebatur, et hoc
petebat pronunciari per arrestum; prefato episcopo
aut procuratore suo ex adverso dicente quod in
diocesi sua Belvacensi per se et predecessores suos
fuerat et erat in possessione et saisina pacificis a
tali et tanto tempore quod de contrario hominum
memoria non extabat, seu quod sufficiebat ad
bonam possessionem et saisinam acquirendam et
retinendam, nobis ac predecessoribus nostris regi-
bus, gentibusque et judicibus regiis et omnibus
aliis videntibus, scientibus, tollerantibus et non
contradicentibus in super et de casu predicto et
consimilibus, quotiens contigerant et contingunt,
ponendo videlicet in manu sua bona mobilia talium
qui decedunt intestati in diocesi predicta, ad con-
vertendum ipsa per manum suam aut deputatorum
suorum ad pios usus et ad pia opera pro remedio
et salute animarum ipsorum decedencium. Decet
enim ut a quolibet christiano de bonis sibi a Deo
collatis fiat saltem in fine dierum suorum recognitio
largitori ipsorum. Dicebatque quod, dato quod
aliquis fecerit testamentum et defuerint aut esse
desierint executores hujusmodi testamenti, dictus
episcopus per se et predecessores suos fuit et est in
dicta possessione et saisina ponendi et constituendi
super hoc executores et ad effectum deducendi
pias et ultimas decedentium voluntates et ad ipsum
tanquam episcopum et ad animarum regimen in
sua civitate et diocesi generaliter et specialiter cons-

titutum pertinet et spectat de ipsarum animarum
sibi commissarum commodo salubriter cogitare et
ordinare, et hoc nedum in dicta sua diocesi sed
etiam in aliis vicinis, et remotis modis et formis
similibus publice, notorie et pacifice observabatur
et erat fieri consuetum, et in aliquibus locis
largius fiebat ad confortandum intentionem ipsius;
episcopi, ut dicebat, et insuper quia jamdudum
fuerat questio sub orta coram baillivo nostro
Silvanectensi, contra episcopum Belvacensem, qui
tunc erat, in casu simili, de mortuis intestatis,
nihilominus dictus tunc episcopus causa cognita
sententiam diffinitivam contra nos pro se obti-
nuerat, que in rem transierat judicatam, ut dicebat;
quare petebat se in dicta sua possessione et saisina
manu teneri et servari, impedimentum ad suam utili-
tatem amoveri, seque ad predicta et non dictum
procuratorem nostrum admitti, sed eidem procura-
tori silentium imponi et ipsum episcopum ab impe-
titione ipsius procuratoris absolvi, usum, saisinam
et prescriptionem notorios et, si opus fuerit, pro-
bandos ad dictam sententiam, cum pluribus aliis
rationibus allegando. — Prefato procuratore nostro replicando dicente quod due diverse persone
non possunt esse quelibet in solidum simul in possessione unius et ejusdem rei, quodque de consuetudine generali et notoria regni nostri et specialiter
in diocesi predicta, mortuum saisit vivum heredem
suum, solum et in solidum, taliter quod aliquis exe-

cutor testamentarius aut alius preter heredem
aut per ipsum non potest se ingerere aut immiscere
rebus aut bonis de quibus aliquis decesserit saisitus
et vestitus et de quibus sine evocatione, occupa-
tione seu apprehensione aliquali possessio transmit-
titur immediate totaliter in heredem, dato etiam
quod testator transferret bona sua mobilia per
suum testamentum in executores suos, sed in
dictum episcopum nulla translatio facta erat ;
et per consequens, fortiori ratione, jus aut possessionem et saisinam hujusmodi habere non poterat ; eramus, fueramus etiam et sumus, per nos et
predecessores nostros, in possessione et saisina pacificis habendi cognitionem et decisionem causarum
testamentariarum quotiens super hoc ad nos recur-
sus habetur, ac de ponendo et constituendo per-
sonas super executionibus hujusmodi ac de desti-
tuendo executores, si casus hoc exigat, et alios
ad executionem deputando. Dicebat etiam procurator noster quod dictus episcopus sibi attribuere aut
prescribere non poterat hoc, quod concessibile non
erat, dictusque episcopus nichil habebat concessibile
supra jus divinum aut naturale, prout est intra cetera
liberum arbitrium contra quod aliquis cogi non potest
invitus condere testamentum, nec erat etiam de
necessitate, prout ex pluribus sanctis Dei colligi et
probare poterat manifeste ; neque Deus voluit liberum arbitrium aufferre ; quodque, si dictus episcopus sub umbra hujusmodi bonis defunctorum se

ingereret, hoc esset pervertere ordinem naturalem
heredum qui, per dictam consuetudinem et mortem
antecessorum, sine ullo medio saisiuntur; et quos
pater aut predecessor privare aut exheredare non
volebat de bonis suis, ut in alios transferrentur,
feceratque forsitan antequam decederet aut heredi
suo dixerat quod faceret aliqua, que forsan in
scriptura vel alicui alii minime revelasset; et insuper si dictus episcopus bona hujusmodi occuparet,
verteretur nedum in prejuditium heredum, sed
etiam in nostrum ac prelatorum et aliorum in domi-
nio temporali ac rei publice, tam contra dictam
consuetudinem generalem et notoriam qua mortuus
saisit vivum, quam etiam in casibus novitatis,
espaveiie, confiscationibus, bonis vacantibus, mani-
bus mortuis, ballis, gardiis et aliis multimodis, et
plerumque in fraudem et exheredationem heredum
minorum qui sibi providere non possunt neque
scirent et qui cum omnibus bonis suis sunt in
nostra gardia speciali; et supposito, sine prejudicio,
quod aliqua sententia super hoc lata fuisset per
officiarios nostros Silvanectenses pro dicto episcopo,
sicut asserit, sibi prodesse non poterat, sed obesse,
quia in hoc interrupta fuerat usurpatio seu saisina
si quam habuerat, sed ad quemcumque baillivum
seu propositum aut procuratorem nostrum, de
causa tangente patrimonium nostrum, sicut est
inter cetera in casu presenti, tam precipua cognoscere seu judicare aut in judicio deducere non spec-

tabat, nec licebat eisdem sed ad curiam nostram et
ad procuratorem nostrum generalem duntaxat;
fueratque, erat et est talis processus seu sententia,
si sic dici debeat, nullius efficacie aut valoris; et,
si et dum ad ejus notitiam devenerit quod aliqui
alii conati fuerint ad talem seu similem usurpa-
tionem procedere, contra ipsos procedet et procedi
faciet prout debite sibi videbitur faciendum; pro-
testando de obtinendis litteris in casu novitatis aut
alias si et dum crediderit expedire; concludendo ut
supra, plures rationes super hoc allegando et rete-
nutam suam, si sibi opus esset, faciendo. — Predicto episcopo plura duplicando, dicente et ut
supra concludente. — Tandem, auditis dictis par-
tibus in omnibus que dicere et proponere voluerunt,
visa predicta sententia per dictum episcopum
exhibita, et consideratis rationibus dictarum par-
tium et aliis, que curiam nostram movere poterant
et debebant, vocatis et presentibus gentibus nostre
camere inquestarum, per arrestum ipsius curie
dictum fuit dictum episcopum ad allegandum
dictas possessionem et saisinam admitti non debere
et ad eam eadem curia eumdem episcopum non
admisit, ipsumque in predictis abusum fuisse seu
abusisse, cumdem tamen curia nostra ab emenda
relevavit, et ex causa.

Pronunciatum xxvj^a die Maii, anno lvij°.

No 10

LETTRE D'ADMINISTRATION

Des Biens des Intestats

Know all men by these presents that we S. F.
Dean of the Island of Jersey have granted the
Administration of all and singular the goods chattels and credits of.....A.... late of the parish
of..X... Jersey aforesaid deceased unto....B....
principal heir of the said deceased. And we do
by these presents grant unto the said B..... full
power and authority to administer and faithfully
to dispose of the goods chattels and credits of the
said deceased who as is alleged died intestate and
to ask demand recover and receive whatsoever
debts and credits which while living an dat the time
of his death did in any way belong to his estate and
to pay whatsoever debts the said deceased at the
time of his death did owe so far as such goods
chattels and credits will thereto extend and the law
requires; the said B. having first sworn well and
faithfully to administer the same and to make a
true and perfect Inventory of all and singular the
said goods chattels and credits and to exhibit the
same in the Registry of our Court at or before the

time by law appointed and also to render a just and true account thereof when lawfully required.

Given in the said Island of Jersey this... 1911

S. F.

Dean of Jersey.

SEAL

Nº 10 (bis)

LETTRE D'ADMINISTRATION

Des Biens des Intestats

(Traduction française)

Faisons savoir à tous ceux qui ces présentes verront, que nous S. F., Doyen de l'Ile de Jersey, avons accordé l'administration de tous et chacun des biens, effets et créances de A....., autrefois de la paroisse de X..... Jersey, susdit défunt, à B....., héritier principal dudit défunt. Et nous accordons par ces présentes au susdit B..., plein pouvoir et pleine autorité pour administrer et pour disposer loyalement des biens, effets et créances dudit défunt qu'on allègue être mort intestat, et pour demander, réclamer, recouvrer et recevoir toutes les dettes et toutes les créances, qui pendant sa vie et au moment de sa mort, faisaient partie de ses biens d'une façon quelconque, et pour payer toutes les dettes que ledit défunt, au moment de sa mort, devait dans la mesure où ses biens, effets et créances y suffisent et où la loi l'exige; le susdit B..., ayant préalablement fait serment d'administrer bien et loyalement lesdits biens, effets et créances, et d'en faire un inventaire fidèle et complet de tous et chacun desdits biens, effets et créances, et de l'exposer au bureau de l'Enregistrement de notre Cour, au temps indiqué par la loi, et aussi d'en faire un compte-rendu fidèle et exact quand la demande lui en sera légalement faite.

Donné dans cette même Ile de Jersey, le... 1911.

S. F.
Doyen de Jersey.

SCEAU

Vu :

Le Professeur, Président de la Thèse,
GÉNESTAL.

Vu :
Le Doyen de la Faculté,
EDMOND VILLEY.

Vu et permis d'imprimer :
Le Recteur de l'Université de Caen,
R. MONIEZ.

TABLE DES MATIÈRES

ERRATA

Page 2, ligne dernière, lire : et nous aurions été *obligé* au lieu de : et nous aurions été *obligés*.

Page 7, note 1, lire : *Summa*, au lieu de *Suma*, et après Rouen 1896, ajouter : *Coutumiers de Normandie*.

Page 17, lire : Summaria brevis et compendiosa Doctrina felicis expeditionis et *abbreviationis querrarum ac* litium regni francorum, au lieu de : Summaria.... *abreviationis guerraria de* litium regni francorum.

Page 23, note 2 § 2, lire.... qui per novem *dies*, au lieu de : qui per novem *die*.

Page 30, note 2, lire : *Erbschaftsteuern* et non *Erbschaftsteuer*.

Page 40, note, 6ᵐᵉ ligne, lire : *disponendi* et non *disponend*.

Page 55, ligne 14, lire : *decem et quatuor* et non *decim et quatuor*.

Page 63, ligne 3, lire : *Godefroy* au lieu de *Goddfroy*.

Page 65, ligne 3, lire : Guillaume de *Flavacourt*, et non Guillaume de *Flavacurie*.

Page 69, note 2, lire : *inventarium* et non *iuventarium*.

Page 88, note 2, lire : Voir Pièces justificatives nᵒ 9.

Page 104, ligne 12, lire : *diffinitivam* et non *diffinitilam*.

ADDENDA

L'existence d'un Maître des Testaments, pour la région de Paris, se trouve mentionnée dans le Registre des Causes civiles de l'Officialité épiscopale de Paris, 1384-1387, — page 67. (Collection des Documents inédits sur l'Histoire de France, publiée par les soins du Ministère de l'Instruction Publique).

Au sujet du Mortuage *(Mortuarium)*, voir un intéressant procès dans les *Olim* : tome III, 2e partie, page 1019. Année 1315 (Diocèse de Saint-Malo).

Caen, Imp.-Rel. E. DOMIN, 10, rue de la Monnaie.

www.ingramcontent.com/pod-product-compliance
Lightning Source LLC
Chambersburg PA
CBHW050023100426

42739CB00011B/2764